Indian

Die Chronik von 1901 bis 1953

CORD MOTORCYCLE EXTRA HEAVY

Indian

Indian

Indian
METZELER

573

John Carroll
Fotos: Garry Stuart

Indian

Die Chronik von 1901 bis 1953

HEEL

HEEL Verlag GmbH
Wintermühlenhof
53639 Königswinter
Tel.: (0 22 23) 92 30-0
Fax: (0 22 23) 92 30 26

Salamander Books Ltd.
129-137 York Way
London N7 9LG
England

Übersetzung: Luis Fernandes, Bestwig

ISBN 3-89365-573-5

Danksagung
Autor und Fotograf sprechen allen nachgenannten Personen ihren ausdrücklichen
Dank aus für ihre wertvolle Hilfe bei der Zusammenstellung dieses Buchs:
Alan Forbes von Motolux, Edinburgh, Schottland; David Hansen von The Shop, Ventura, Kalifornien;
Tony Leenes von Indian Motorcycles, Lemmer, Holland; Mike Tomas von Kiwi Indian Parts, Riverside, Kalifornien;
John Marcoulier und Russell Longey, Organisatoren von The Pioneer Valley Indian Rally;
Terry de Smet, Oostburg, Holland, (1909 V-Twin auf Seite 23)

Fotografien Innenseiten
1 Eine Chief mit der berühmten Kotflügelfigur, dem Indianerkopf.
2 Eine restaurierte Indian V-Twin aus dem Jahr 1915.
4 Eine Big Chief aus dem Jahre 1928 samt Beiwagen von Goulding, im Besitz von Brett Colson.
6 Jim Smith auf seiner 101 Scout in voller Fahrt in Daytona, Florida.
8 Eine Indian Chief, im Besitz von Steve Stephen.
112 Nichts geht über eine restaurierte und fahrtüchtige Indian.
Einbandseiten vorn/hinten Mike Griffith und seine liebsten Stücke: T-Shirt, Tank und Tattoo mit Indian-Motiven.

Inhalt

VORWORT

Indian Motocycles – bewußt wählte die Hendee Manufacturing Company diese Namensgebung, um ihre zweirädrigen Motorfahrzeuge als rein amerikanische Erzeugnisse zu charakterisieren. Technische Innovation und qualitative Handwerksarbeit verhalfen der Marke in der ersten Hälfte unseres Jahrhunderts zu einem makellosen Ruf und etablierten sie weltweit als Synonym für den Traum auf zwei Rädern. Die Geschichte der Marke ist, wie die vieler anderer Industrieunternehmen auch, eng mit den ökonomischen und politischen Geschehnissen des angehenden zwanzigsten Jahrhunderts verwoben. Depression und Krieg überschatteten den Werdegang des Unternehmens ebenso wie die Zeiten des Wiederaufschwungs Indian immer wieder fruchtbare Jahre bescherten. Und obwohl die Marke den Erfordernissen des Marktes sehr aufgeschlossen gegenüberstand, reichte die bloße Produktion von Motorrädern bei weitem nicht aus, Indian zu jenem legendären Status zu verhelfen, den die Marke sogar heute noch immer genießt. Wie bei den Ureinwohnern Nordamerikas, die ja bei der Namensschöpfung Pate standen, waren es *Menschen,* deren Taten den Legenden immer wieder Nahrung verschafften, Menschen, deren Taten an den Lagerfeuern immer und immer wieder erzählt wurden, und über die Jahre und Jahrzehnte zu immer größerem Ruhm gelangten. In gewisser Hinsicht ist das vorliegende Buch als Schmelztiegel all dieser Erzählungen und Legenden zu verstehen. Sicherlich existieren über das Unternehmen aus Springfield zahlreiche Bücher, deren Inhalt gespickt ist von detaillierten technischen Informationen; Bücher, in denen genau beschrieben ist, welche Fahreindrücke jedes einzelne Modell vermittelt, und welche Modelle überhaupt erstrebenswert sind; Bücher, die ausführlich das Thema Restaurierung beleuchten; und Bücher, die ihren Lesern die legendäre Marke in schwelgenden Farbaufnahmen nahe bringen – so wie das Buch, das Sie gerade in Händen halten. Es gibt aber nur wenige Bücher, die sich intensiv mit den Menschen beschäftigen, die Indian erst berühmt gemacht haben, damals, als sich die Fahrer Spitznamen wie Cannonball, Fearless oder Ironman noch *verdienten,* und nicht einfach werbestrategisch aufgedrückt bekamen. Namen wie De Rosier, Franklin oder Kretz rufen bei Indian-Enthusiasten Reminiszenzen wach an siegreiche Rennen auf staubigen Dirt-Tracks, holperigen Bretterpisten oder entlang des Sandstrands von Daytona Beach, Rennen, bei denen wagemutigste Männer für die Marke aus Springfield die Fahnen hochhielten und ihren Konkurrenten zeigten, welche Kraft in den Maschinen mit dem Indianerkopf steckte.

Links: *Die Teilnehmer der Annual European Indian Rally des Jahres 1995 erfreuen sich in Begleitung von restaurierten Solomaschinen und Gespannen an den Sonnenstrahlen der schottischen Highlands.*

Der Name Indian verdankt seinen Ruf aber auch all denjenigen Menschen, deren Faszination für die Marke nahezu einem Treueschwur glich. So schrieb von der blutgetränkten Pazifikinsel Iwo Jima ein Obergefreiter des US-Marinekorps an *Indian News,* daß er die neueste Ausgabe, in der Soldaten ihre Begeisterung für Indian-Militärmaschinen in euphorische Worte kleideten, erhalten hätte und nach seiner Rückkehr in die Heimat gleich ein neues Motorrad erwerben wollte. Bleibt ihm nachträglich nur zu wünschen, daß er die damalige Kriegshölle auch wirklich überlebt hat.

In Europa jährt sich auf der Isle of Man die Tourist Trophy bald zum hundersten Male und mittlerweile werden dort Spitzengeschwindigkeiten von über 270 km/h gefahren, während in den USA die berühmten 200 Meilen von Daytona in einem eigens zu diesem Zweck gebauten Rennparcours abgehalten werden. Als 1911 Moorhouse, Franklin und all die anderen um Creg ny Baa jagten und 1937 Kretz die Daytona 200 gewann, waren die Strecken alles andere als topfeben. Wenngleich ihre Geschwindigkeiten um einiges langsamer ausfielen, so müssen sich die Leistungen der damaligen Fahrer keinesfalls hinter den Leistungen heutiger Tage verstecken, standen ihre Maschinen technologisch hinter den bunt lackierten, hochtechnisierten Multizylinder-Boliden der Jahrtausendwende doch um Lichtjahre zurück. Eisen, Stahl und Aluminium waren die Waffen der damaligen Zweiradrösser, während heute Kevlar, Kohlefaser und Magnesium das tägliche Brot der Motorradkonstrukteure bestimmen. Wäre es in diesem Zusammenhang nicht interessant, Indians innovative und technische Großartigkeit der ersten Hälfte dieses Jahrhunderts, manifestiert durch Namen wie Hedström, Gustafson, Franklin und andere, im modernen Gewand unserer Tage zu sehen? Ist es nicht schade, daß ausgerechnet Indian in der Riege jener Motorradhersteller fehlt, die ihren Weg bis in die heutige Zeit gemacht haben? In der Tat, bedenkt man, daß gerade der Konkurrent der frühen Jahre, Harley-Davidson, sowie auch einige der europäischen Marken auf den Rennpisten dieser Welt eine famose Renaissance erleben, und das trotz der übermächtig erscheinenden Präsenz der japanischen Quadriga. Harley-Davidson beispielsweise setzt den Japanern im Kampf um den Siegeslorbeer die flüssigkeitsgekühlte VR 1000 entgegen, eindrucksvoll bereits demonstriert auf den geheiligten Meilen von Daytona – Kopf an Kopf mit einer ähnlich aufgebauten und ebenfalls flüssigkeitsgekühlten Indian aus alten Springfield-Tagen.

Floyd Emde war es, der 1948 bei der Daytona 200 eine Sport Scout auf das Siegerpodest hievte und Indian damit den letzten großen Triumph bescherte. Schon fünf Jahre später allerdings hauchte die große Motorradmarke ihr Lebenslicht aus, doch wie bei allen Legenden überdauerte auch der Name Indian die Höhen und Tiefen des Vergessens. Das Grollen eines Indian-V-Twins gleicht einer musikalischen Symphonie, und spätestens, wenn eine der frühen Indians in irgendeiner Garage dieser Welt zum Leben erweckt wird, erhellt ein Lächeln die Gesichter von Charlie Franklin, Billy Wells und Jake De Rosier, Oscar Hedström und George Hendee. Wenn in Daytona, Florida, oder Ventura, Kalifornien, 45 wundervoll aufbereitete Rennmaschinen an den Start eines historischen Rennens rollen, in den Boxen Benzin geredet, über Seitenventiler und den Erzrivalen Harley-Davidson diskutiert wird, dann wähnt man sich ohne Zweifel auf einer Zeitreise. Einer von Indians Werbeslogans lautete einmal: ‚You can't wear out an Indian Scout'. Dieses Buch legt dar, wie wahr doch eigentlich dieses Motto ist, zutreffend nicht nur für die Scout, sondern auch für all die anderen Modelle der legendären Marke. Die Geschichte der Springfield Indian ist die Geschichte von Triumphen und Tragödien, überschwenglichen Rennerfolgen und verpatzten Marktchancen, ungebrochener Kundentreue und gewinnsüchtiger Direktorien.

Indian

1901–1910

Die Geburt einer Legende

Die Motorradmarke, die unter dem Namen Indian in der ersten Hälfte unseres Jahrhunderts in den Olymp der motorisierten Zweiräder aufsteigen sollte, entsprang einzig und allein den Anstrengungen und der Zusammenarbeit zweier Männer: George Hendee und Oscar Hedström – und ihrer Vorliebe für Fahrräder. Zur Jahrhundertwende erfreuten sich Fahrradrennen in Amerika und Europa großer Beliebtheit. Als Austragungsorte wählte man häufig eigens erbaute Kurse, sogenannte Velodrome. Schon recht bald etablierte sich auf diesen Strecken das Windschattenfahren, um den Solorädern eine höhere Geschwindigkeit zu ermöglichen. Als Schrittmacher dienten bei diesen Steherrennen Tandemräder, die dann im Verlauf der Jahre durch Fahrräder mit Verbrennungsmotoren ersetzt wurden. Herkunftsland dieser neuen Maschinen, bestückt mit Aggregaten von De Dion-Bouton, war Frankreich. Natürlich dauerte es nicht allzu lange, bis diese Räder ihren Weg auch nach Amerika fanden. 1898 schließlich kamen die ersten Maschinen über den großen Teich, und 1899 donnerten sie bereits über das Velodrome in New Yorks Madison Square Garden. Leider erwiesen sich diese Maschinen als nicht besonders zuverlässig. Die enorme Pannenanfälligkeit nahm ein junger Mann für die Saison des Jahres 1900 zum Anlaß, eine eigene Schrittmachermaschine zu konstruieren. Sein Name war Oscar Hedström. In Springfield, Massachusetts, beschäftigte sich ein anderer junger Mann ebenfalls mit dem Thema Zweirad. George Hendee, begeisterter Radfahrer, der nicht nur selbst Rennen fuhr, sondern sich durchaus des Fahrrads als Massentransportmittel bewußt war, stellte Fahrräder her und betätigte sich zunehmend auch als Veranstalter von Fahrradrennen. Gerade diese Tätigkeit war es, die Hendee mit dem jungen Konstrukteur jener intelligent aufgebauten Schrittmachermaschine in Kontakt brachte und den Boden bereitete für die bald darauf gegründete Hendee Manufacturing Company und ihre berühmten „Indian Motocycles".

Links: *Der Name Indian wurde von den Firmengründern bewußt als Kennzeichnung eines rein amerikanischen Erzeugnisses gewählt.*
Unten: *Zu den ältesten überlebenden Exemplaren zählt diese Maschine mit der Motornummer 268.*

Oben und rechts: *Diese Indian von 1904 befindet sich im Besitz von Jules Frohlich. Vollständig und nahezu im Originalzustand erhalten, verließ dieses Exemplar als 667. Motorrad die Hendee Manufacturing Company. Der Einzylindermotor verfügt über einen Hubraum von 13 cu.in. (225 ccm) und eine Leistung von 1,75 PS.*

Oscar Hedström erblickte das Licht der Welt am 12. März des Jahres 1871. Als Carl Oscar Hedström – später verzichtete er auf den ersten Vornamen – im schwedischen Smoland geboren, emigrierte er mit seinen Eltern in jungen Jahren nach Amerika. Sein Vater fand Arbeit in der Bauindustrie und der junge Oscar ging im New Yorker Stadtteil Brooklyn zur Schule. Voll Enthusiasmus und Begabung für die Mechanik, entwickelte er sich zu einem leidenschaftlichen Hochradfahrer. Nachdem er im Alter von sechzehn Jahren die Schule absolviert hatte, begann er eine Lehre in einem kleinen Schlossereibetrieb in der New Yorker Bronx, der vornehmlich Uhrengehäuse und Uhrenkomponenten herstellte. Dort erwarb er sich sein Grundwissen über Werkzeugmaschinen, Modellbau und Schmiedetechnik. Im Anschluß an seine Lehrzeit arbeitete er für verschiedene andere Unternehmen der metallverarbeitenden Branche, blieb aber seiner Leidenschaft, dem Radfahren, immer treu. In seiner Freizeit entwickelte und baute er Fahrräder für den Alltags- und Renneinsatz, die aufgrund ihres geringen Gewichts und ihrer hochwertigen Konstruktion bei ihren Fahrern großes Ansehen genossen. Diese Tätigkeit bescherte ihm auch den ersten Kontakt mit den frühen Schrittmachermaschinen, von denen, so die Überlieferung, er einige modifizierte, um deren Zuverlässigkeit zu verbessern. Von hier aus war es dann nur noch ein kleiner Schritt zur Konstruktion jener eigenen Schrittmachermaschine, die auf überzeugendste Weise seine Fähigkeiten unter Beweis stellen sollte. Als Fahrer dieses Pacers, so die amerikanische Bezeichnung eines solchen Gefährts, verpflichtete man den bekannten Radrennfahrer Albert Henshaw. 1898 heiratete Oscar Hedström Julia Anderson, und am 10. Mai 1901 kam ihr erstes Kind, Helen, zur Welt. Einige Jahre später, genauer gesagt am 24. März 1913, verließ Hedström nach Meinungsverschiedenheiten mit dem Direktorium die Hendee Manufacturing Company. Trotz diverser Angebote weigerte er sich, erneut in der Motorradbranche zu arbeiten, und lebte danach zurückgezogen auf seinem Anwesen an den Ufern des Connecticut River. Oscar Hedström starb am 29. August 1960 im Alter von 89 Jahren in seiner Heimatstadt Portland, Connecticut.

George Hendee wurde am 19. Oktober 1866 in einem Vorort von Boston, Massachusetts, als Sprößling einer spanischstämmigen Familie geboren. Auch er entwickelte sich zum begeisterten Radfahrer und gewann 1886 sogar die United States National Amateur High Wheel Championship. Diesen Titel verteidigte er bis 1892, dem Jahr als er ins Profilager überwechselte, um auch auf anderen Tretradtypen als dem Hochrad an Wettkämpfen teilzunehmen. Nach drei Jahren professioneller Karriere beendete er sein Rennsportengagement, um sich fortan als Verkäufer in die Dienste verschiedener Fahrradhersteller zu stellen. 1894 heiratete Hendee, trennte sich aber bereits ein Jahr später wieder von seiner Ehefrau. Im Jahre 1897 rief er seine eigene Fahrradmarke ins Leben, deren Produktionsstätte er in Springfield, Massachusetts, dem damaligen industriellen Zentrum der Vereinigten Staaten, ansiedelte. Diese Lage erwies sich als überaus vorteilhaft, standen ihm dort doch zahlreiche Fachkräfte zur Verfügung, und natürlich auch eine finanzstarke Bank. 1898 lieferte er bereits die ersten Fahrräder aus. Das Herrenmodell Silver King und das Damenmodell Silver Queen machten den Anfang. Seine Schöpfungen verkauften sich recht gut und erlaubten Hendee schließlich den Erwerb verschiedener Werkzeugmaschinen, um die Herstellung diverser Einzelteile kostengünstiger durchführen zu können. Das Motorrad, oder Motorfahrrad, wie man es damals auch nannte, wurde von vielen als die logische Weiterentwicklung des Fahrrads als Massentransportmittel angesehen, und Hendee stellte bei der Einschätzung dieser Zukunftsperspektive keine Ausnahme dar.

1916 zog er sich nach wiederholten Auseinandersetzungen mit dem Direktorium bezüglich der Firmenpolitik aus dem Unternehmen zurück. Bereits ein Jahr zuvor hatte er seine Sekretärin Edith Hale geehelicht, mit der er nach seinem Rücktritt gemeinsam ein Anwesen in East Hadada, Connecticut, bezog. Sporadisch unternahm er Reisen nach Springfield, doch der zunehmende Verfall seines ehemaligen Unternehmens betrübte ihn zutiefst. Er starb 1943, die letzten Jahre seines Lebens geplagt von starken körperlichen Gebrechen.

Es war das gemeinsame Interesse für Zweiräder, das die Lebenswege von Hendee und Hedström kreuzen ließ. Bereits im Spätjahr 1900 entschlossen sie sich, für eine kommerziell angelegte Serienproduktion ein zweckmäßiges Motorrad zu konstruieren und zu vermarkten. Geboren wurde das Indian-Motorrad in einem Werkstattkomplex in Middletown, Connecticut, in dem Hedström entsprechende Räumlichkeiten anmietete. Er entwarf ein Antriebsaggregat nach dem De Dion-Prinzip, dessen Gußteile er allerdings mit eigens von ihm angefertigten Formen herstellte. Die Ventilanordnung entsprach dem damals üblichen Standard, bei dem ein oben hängendes Einlaßventil mit einem darunter stehenden Auslaßventil kombiniert wurde (inlet over exhaust bzw. wechselgesteuerter Ventiltrieb). Steuerzeiten und Zündung wurden modifiziert, während der Vergaser mit konzentrischer Schwimmerkammer komplett neukonstruiert war. Die Ventilsteuerung erfolgte über die Kurbelwelle, und als Stromversorgung fungierten Trockenbatterien, die Hedström in einem zylindrischen Behälter am Brustrohr des Rahmens unterbrachte. Die Antriebseinheit stand leicht

PAT. JUNE 9'05
HENDEE
667

nach hinten geneigt in einem Dreiecksrahmen im klassischen Diamantprofil, bei dem der Motor als tragendes Element in das Sattelrohr integriert war. Über dem hinteren Radschutzblech befanden sich Benzin- und Öltank. Die Unterseite des Tanks war dem Radius des Rads entsprechend nach innen gewölbt, das Innere des Tanks für die getrennte Unterbringung beider Flüssigkeiten zweigeteilt. Die eigentümliche Form des Tanks verlieh den frühen Indians dementsprechend die Bezeichnung „Camelback". Die Motorschmierung war als Tropfölung ausgelegt, wobei ein Schauglas dem Fahrer die ständige Kontrolle des Ölstands erlaubte, so daß dieser etwaigen Motorschäden frühzeitig vorbeugen konnte. Unterhalb der Tretkurbelwelle war ein kleiner dosenförmiger Behälter angeschraubt, der die Funktion eines Schalldämpfers übernahm. Die Motorsteuerung erfolgte über zwei am Rahmen befestigte Handhebel, verbunden mit den jeweiligen Übertragungsgestängen.

Links: *Das Motorgehäuse trägt Firmennamen und Motornummer, der Vergaser hingegen die Bezeichnung Hedström.*

Unten: *Die frühen Einzylindermodelle besaßen einen Motor mit nach hinten geneigtem Zylinder, der als Teil des Sattelrohrs in den traditionellen Dreiecksrahmen integriert war.*

Dieser Prototyp des ersten Indian-Motorrads wurde von Hedström und Hendee eingehend erprobt und erst anschließend Öffentlichkeit und Presse in Springfield vorgestellt. Um die Fähigkeiten des neuen Gefährts eindrucksvoll demonstrieren zu können, wählte man einen überaus steilen Anstieg am Cross Street Hill aus. Gebührend wurden denn auch das willige Anspringen des Motors und die beeindruckende Beschleunigung des Fahrzeugs gelobt. Die Steilheit der Bergstrecke erwies sich natürlich als ideale Belastungsprobe für den Sekundärtrieb, der mittels Kette erfolgte. Das Motorrad wurde während des Anstiegs angehalten, und konnte aus dem Stand problemlos wieder beschleunigt werden, eine Eigenschaft, die man den herkömmlichen Riementrieben nicht unbedingt nachsagen konnte. Hendee und Hedström besiegelten ihre Zusammenarbeit in der Hendee Manufacturing Company mit der ihren Fähigkeiten entsprechenden Aufteilung der Verantwortlichkeitsbereiche. Hendee fungierte dabei als Präsident und Generaldirektor, während Hedström als Chefingenieur und Konstrukteur für die technologischen Belange des Unternehmens zuständig war. Der positive Werbeeffekt, den die zahlreichen Berichte in der Fachpresse mit sich brachten, erlaubte George Hendee, durch den Verkauf von Firmenanteilen die stattliche Summe von 20.000 Dollar zu beschaffen. Diese Finanzspritze ermöglichte Hedström, unterstützt von einigen Mitarbeitern, die eigentliche Motorradproduktion im umgebauten Obergeschoß von Hendees Fahrradfabrik anlaufen zu lassen. Die Motorgehäuse bezog man von der in Aurora, Illinois, ansässigen Aurora Automatic Machinery Company, die etwa zur gleichen Zeit ebenfalls mit der Produktion von Motorrädern begann und als Teil des Geschäftsabkommens mit Hendee und Hedström deren Motorgehäuse auch für ihre eigenen Zweiräder verwenden durfte. Verkauft wurden die Motorräder aus Aurora unter dem Markennamen Thor. Nach 1915 verschwand die Marke jedoch wieder von der Bildfläche.

Der erste Prototyp zog eine kleine Serie von Motorrädern nach sich, und um ihren Verkauf voranzutreiben,

INDIAN
HENDEE MFG. CO.

betätigte sich Hedström zwischen den Fahrradrennen auf den Velodromes in New England mit einer Indian sogar als Pausenfüller. Er drehte dabei nicht nur Runden mit verschiedenen Geschwindigkeiten, sondern zeigte dem begeisterten Publikum auch, wie wendig seine zweirädrige Konstruktion war. Womöglich wegen der europäischen Abstammung der beiden Motorradbegeisterten holte man 1902 ein Indian-Modell des Jahres 1901 nach England, wo man es anläßlich der jährlich stattfindenden Stanley Bicycle Show, auf der bereits seit Jahren ebenfalls Motorräder gezeigt wurden, präsentierte. Auch in der Alten Welt zeigte sich das Publikum begeistert. Hedström führte seine Werbe- und Demonstrationskampagne unermüdlich fort, veröffentlichte Anzeigen in diversen Fahrrad-Fachzeitschriften und konnte schließlich gegen Ende des Jahres 1902 voller Stolz auf über 140 verkaufte Indian zurückblicken. 1903 zählte Indian bereits zu den angesehensten Namen in der aufstrebenden Motorradindustrie. Zum damaligen Zeitpunkt wußten Hendee und Hedström allerdings nicht, daß in demselben Jahr in einem anderen Bundesstaat William Harley und die Gebrüder Davidson auf ähnlich bescheidene Weise ebenfalls mit der Herstellung von Motorrädern begannen, und daß die weitere Entwicklung beider Unternehmen eng miteinander verflochten sein würde.

1903 wurde die Federation of American Motorcyclists (FAM) gegründet, die sich später zur American Motorcyclist Association (AMA), der Dachorganisation der amerikanischen Motorradwelt, weiterentwickelte. Das folgende Jahr brachte Hendee und Hedström einen weiteren Schritt nach vorn. Das Händlernetz wuchs kontinuierlich an und eine Steigerung der Produktion wurde anvisiert. Doch nicht nur Händler und Käufer zog die an Popularität enorm zulegende Marke Indian in ihren Bann, sondern auch bekannte Persönlichkeiten wie Jake de Rosier, der seine auf dem Fahrrad begonnene Rennfahrerkarriere nun auf dem Motorrad fortsetzte. 1905 trat Frank Weschler dem Unternehmen bei. In seiner Doppelfunktion als Buchhalter und Büroleiter sollte er eine bedeutsame Rolle in der weiteren Evolution der Marke Indian spielen. Weschler wurde 1879 in Westfield, Massachusetts, geboren und absolvierte dort auch seine Grundschulzeit. Danach folgte eine Ausbildung in Buchhaltung, Rechnungs- und Bankwesen, begleitet von einem steigenden Interesse an den gerade aufkommenden Motorwagen. Mit der Verpflichtung bei Indian konzentrierte er sein Interesse aber ausschließlich auf Motorräder und die Motorradindustrie. Er gehörte zu Indians loyalsten Mitarbeitern und krönte seine Laufbahn

Links: *Dieses Modell von 1909 war eine der ersten drei Indians, die nach Großbritannien gelangten. Die von Billy Wells im Jahre 1909 importierte Lieferung zählte zwei V-Twins und eine Einzylindermaschine. In demselben Jahr führte Indian den Schleifenrahmen ein.*

mit der Präsidentschaft, bis er sich schließlich Ende der zwanziger Jahre aus dem Unternehmen zurückzog. Weschler war frommer Katholik, seine Persönlichkeit geprägt von einem Sinn für Humor und uneingeschränkter Ehrlichkeit. Mit diesen Attributen machte er sich in der Motorradwelt viele Freunde, trotz der Tatsache, daß er nie das Motorradfahren erlernte.

Das Jahr 1905 sah 1181 verkaufte Indian-Motorräder und ein um etwa 100 Händler vergrößertes Verkaufsnetz. Im gleichen Jahr führte Indian auch eine neue Vorderradgabel ein, deren untere Gabelholme drehbar gelagert, über einen Bügel die vor dem Lenkkopf horizontal angeordnete

Unten: *Billy Wells war der offizielle britische Indian-Importeur. 1909 nahm er auf dieser Einzylindermaschine – hier zu sehen mit seinem Sohn George Hendee Wells – am Ausscheidungsrennen London-Edinburgh teil.*
Links: *Für seine fehlerfreie Fahrt erhielt er eine Medaille, die er später in diesen Silberaschenbecher einarbeiten ließ.*

Schraubenfeder belasteten. Ebenfalls erhöhten Komfort brachten Drehgriffe für Gas- und Zündverstellung. 1906 stand Indian weiterhin im Zeichen des Wachstums und Hendee entschied sich, einen Angriff auf den Transcontinental Speed Record zu wagen. Der bestehende Rekord lag bei 50 Tagen für die Strecke von San Francisco, Kalifornien, nach New York City, New York, aufgestellt im Jahre 1902 von George A. Wyman auf einem Motorrad der Dyke Manufacturing Company. Hendee erwählte Louis J. Muller und George Holden als Fahrer für die brandneuen Zweizylindermaschinen. Im Juli 1906 wurden die Indian-Twins nach San Francisco verladen, wo sie von George Hopkins, dem dortigen Indian-Händler, für die lange Reise vorbereitet wurden. Am 10. August schließlich verließen die beiden Fahrer die Westküste mit Fahrtziel New York. Am 12. September, nach 31 Tagen, 12 Stunden, 15 Minuten und einer Strecke von knapp über 5600 Kilometern, erreichten sie die Ostküstenmetropole. Der neue Rekord blieb mehrere Jahre hindurch ungebrochen. Anfänglich war der Twin erhältlich mit einem Hubraum von 39 cu.in. (640 ccm) für den normalen Straßeneinsatz sowie mit 60 cu.in. (983 ccm) in Rennausführung.

Ebenfalls von Erfolg gekrönt war die Teilnahme eines anderen Indian-Fahrers beim Vorläufer des International Six Days Trial (ISDT). Das 1907 erstmals als Thousand Mile Reliability Trial in England veranstaltete Rennen wurde auf öffentlichen Straßen ausgetragen, wobei die Fahrer zu festgesetzten Zeiten bestimmte Kontrollpunkte zu passieren hatten. Das bedeutete, daß nicht bloße Geschwindigkeit der Schlüssel zum Sieg war, sondern absolute Zuverlässigkeit. T.K. „Teddy" Hastings, Mitglied des Crescent Motorcycle Club im New Yorker Stadtteil Bronx, bestritt seine Teilnahme an der ersten Auflage dieses Rennens auf einer Indian Twin – und gewann. Grundlage seiner erfolgreichen Teilnahme war vor allem die Zuverlässigkeit von Hedströms Konstruktion und die Tatsache, daß ihm der kettengetriebene Sekundärtrieb gerade bei der hügeligen Streckenführung einen bedeutsamen Vorteil verschaffte. Teddy Hastings trug persönlich sämtliche Kosten seines Engagements, erhielt jedoch für seine neuerliche Rennteilnahme im Jahre 1908, bei der er seinen Erfolg wiederholen konnte, finanzielle Unterstützung von der Hendee Manufacturing Company. Später wanderte Hastings nach Australien aus, wo er sich in Melbourne, Victoria, als Indian-Konzessionär niederließ. Beeindruckt von den Siegen des Amerikaners Hastings bei den britischen Trialrennen, bemühte sich der Brite William H. Wells um die Importrechte für Indian. Nach einem ausführlichen Briefwechsel reiste Hendee schließlich nach Großbritannien, wo er mit Wells eine formelle Vereinbarung traf. Teil dieser Übereinkunft war der Bau eines Ausstellungsraums in der Londoner Great Portland Street. Die erste Lieferung von 25 Motorrädern verkaufte sich erstaunlich gut, so daß Wells nach und nach weitere Verkaufsstellen eröffnete.

Oben: *Ein V-Twin von 1909 mit 7 PS, fotografiert von seinem Besitzer Terry de Smet aus Oostburg, Holland. Die ersten V-Twins debütierten im Jahre 1907 und erlangten eine weitaus größere Popularität als ihre einzylindrigen Markengenossen.*

Wells Bemühungen um die Marke Indian belohnte der amerikanische Motorradbauer schließlich mit einem Sitz im Direktorium den der Brite bis zur großen Umstrukturierung des Unternehmens im Jahre 1923 innehielt.

1907 stellte sich ein weiterer Mann, der entscheidenden Einfluß auf die zukünftigen Geschicke der Marke Indian nehmen sollte, in den Dienst des Unternehmens. Er hieß Charles Gustafson und war ebenfalls skandinavischer Abstammung. Seine Eltern emigrierten nach Ende des amerikanischen Bürgerkriegs aus Europa nach Minnesota, wo er dann auch geboren wurde. Seine Kenntnisse über Mechanik und Maschinenbau erlernte er auf autodidaktische Weise, seine Berufserfahrung sammelte er in verschiedenen Anstellungen auf dem Maschinenbausektor. Bevor er jedoch zu Indian kam, arbeitete er für Reading Standard, einem Hersteller von Motorrädern und beheimatet in Reading, Pennsylvania. Das Unternehmen bezog seine Motorgehäuse von der Aurora Company, und so war es nicht verwunderlich, daß die Maschinen aus Reading gewisse Ähnlichkeiten mit den von Aurora unter dem Markennamen Thor verkauften Motorrädern aufwiesen. Reading Standard war der erste amerikanische Hersteller, der ein Motorrad mit seitlich stehenden Ventilen auf den Markt brachte, konstruiert von Charles Gustafson, der kurz darauf aber zu Indian wechselte. Gemeinsam mit Hedström arbeitete er in der Entwicklungsabteilung, die er nach Hedströms Rücktritt als Chefingenieur weiterführte. Auch sein Sohn, Charles Gustafson Jr, stellte später sein Wissen und Können in den Dienst der Marke.

1908 kam Indian mit einem stark verbesserten Zweizylinder auf den Markt. Dieser V-Twin verfügte über einen Hubraum von 38.61 cu.in. (632,7 ccm), erreicht durch eine Bohrung von 2.75 in. (69,85 mm) und einen Hub von 3.25 in. (82,55 mm). Die Einlaßventile waren mechanisch gesteuert, konnten optional aber auch als Schnüffelventile ausgeführt werden. Da die Motorschmierung auf dem Tropfölprinzip beruhte, erlaubte ein spezielles Sichtfenster dem Fahrer die Kontrolle über den Ölvorrat im Motor. Das Verbrennungsgemisch lieferte eine von Hedströms eigenen Vergaserkonstruktionen, während die Auspuffgase in einen kleinen unterhalb des Rahmens montierten Schalldämpfer geleitet wurden. Der aus Stahlrohren zusammengesetzte Rahmen zeigte sich nach wie vor in der traditionellen Dreiecksform. Ähnlich dem Einzylindermodell ersetzte beim V-Twin die hintere Zylindereinheit zu Dreivierteln das Sattelrohr, während Öl und Benzin in einem zweigeteilten Tank in Kamelbuckelform oberhalb des Hinterradschutzblechs mitgeführt wurden. Zündspule und Zündkerzen waren Hedström-Konstruktionen, die Stromversorgung übernahm eine Trockenbatterie. Der Primärtrieb erfolgte über eine Zahnradkonstruktion, konnte aber optional auch als Kettentrieb geliefert werden. Die Räder rollten auf einem Durchmesser von 28 Zoll, der Radstand betrug 1295 mm. Wie auch die Einzylinderpendants wurden die V-Twins in Königsblau angeboten, obwohl das später als Standardfarbe eingeführte Zinnoberrot bereits ab 1904 erhältlich war. Ab 1913 überwogen die Zweizylinder in der Indian-Produktion, obgleich sich das Unternehmen durchaus der Markt-

Rechts: *Ein unrestaurierter Indian-Einzylinder von 1911. Ab diesem Jahr bot Indian seine Modelle gegen Aufpreis auch mit „frei" aufgehängtem Motor an.*
Oben: *Dieses Triebwerk verfügt über eine Trennkupplung.*

chancen eines leichten Motorrads mit kleinem Hubraum bewußt war, und aus diesem Grunde die Einzylinderproduktion unbeirrt fortführte. Indian lag mit dieser Markteinschätzung durchaus richtig, war damit aber der damaligen Zeit weit voraus. Erst sehr viel später sollten mit dem Großangriff der japanischen Motorradindustrie massenproduzierte leichte Motorräder die Mobilität auch in den verstecktesten Winkeln dieser Welt sichern.

Die frühen Rennerfolge veranlaßten Indian, gezielt die Werbewirksamkeit des Rennsports zu nutzen, und so bereicherte man 1908 die Modellpalette um eine Rennmaschine. Das Antriebsaggregat war ebenfalls als V-Twin konzipiert und verfügte über einen Hubraum von 60.32 cu.in. (988,65 ccm), erhalten aus dem Bohrung/Hub-Verhältnis 3.4375 in. (87,31 mm) zu 3.25 in. (82,55 mm). Die Gemischaufbereitung erfolgte wie bei der Straßenversion über einen Hedström-Vergaser. Die Rennversion baute auf dem vorhandenen Dreiecksrahmen auf, war aber mit einem hinter das Sattelrohr verlegten Sattel und einem längs auf dem Oberrohr montierten Benzintank ausgerüstet. Gemeinsam mit anderen Motorradmarken sollten diese Rennmaschinen über die in den Vereinigten Staaten immer populärer werdenden Motordromes, den auch als Board-Tracks bekannten, eine Viertel- oder Drittelmeile langen Bretterpisten, donnern, die nach und nach die Velodromes verdrängten. Ebenfalls ab 1908 brachte Indian dreirädrige Transportmaschinen in den Handel, über deren vorderer Zweiradachse ein Karosserieaufbau angebracht war, angetrieben von einem Motorradmotor an einem konventionellen Hinterrad. Je nach Einsatzzweck bot Indian verschiedene Karosserieformen an, wie beispielsweise einen Lieferaufbau oder einen Personenaufbau mit luxuriösem Polstersitz. Indian baute seine Dreiradpalette im Laufe der Zeit sogar noch weiter aus. So waren Seitenwagen auf Wunsch ebenso lieferbar wie später die besonders von Reparaturwerkstätten und Tankstellen geschätzten Dreiräder mit Motorradvorbau und Lieferwagenheck, die sogenannten Dispatch-Tows.

Im Jahre 1909 begann der Bauingenieur Jack Prince, der bis zu diesem Zeitpunkt hölzerne Radrennbahnen, die berühmten Velodromes, errichtet hatte, mit dem Bau einer größeren Rennstrecke für Motorräder im kalifornischen Los Angeles. Getauft auf den Namen Coliseum, zog es prompt zwei bekannte Rennfahrer, Jake De Rosier und Fred Huyck aus Chicago, in den Westen. De Rosier, der auf den Bretterstrecken später zu großer Berühmtheit gelangen sollte, stellte dort sogar diverse Geschwindigkeitsrekorde auf. Kurze Zeit später erbaute Prince mit finanzieller Unterstützung von Hendee in Springfield ebenfalls ein Motordrome. Hendee beabsichtigte mit dieser Maßnahme, in der Heimat der Indians wichtige Wettrennen stattfinden zu lassen. Ebenso wichtig wie die Rennaktivitäten erwies sich für das Jahr 1909 die technische und optische Überarbeitung der Modellpalette. Schleifenrahmen ersetzten die althergebrachten Dreieckstypen, während der Benzintank als torpedoförmiges Gebilde zwischen den beiden Oberrohren des Rahmens saß. Ein separater, am Sattelrohr befestigter Behälter beherbergte jetzt den lebenswichtigen Motorölvorrat. Die zahlreichen Erfahrungen im Rennsport veranlaßten die Indian-Konstrukteure, Überhang und Nachlauf zugunsten einer verbesserten Handlichkeit zu ändern. Endlich brach für Indian das Zeitalter des modernen Motorradrahmens an, und gegen Ende des Jahres 1909 konnte Indian bereits auf gut 4800 verkaufte Maschinen zurückblicken. Der Erfolg setzte sich ins Jahr 1910 fort, vor allem, weil das Motorrad nun endgültig seinen Kindertagen entwachsen war. In den Vereinigten Staaten galt der großvolumige V-Twin als das Maß der Dinge, und Indian trug diesem Ideal Rechnung mittels verstärktem Schleifenrahmen und komfortabler Vorderradschwinggabel mit Blattfeder. Diese Konstruktion hielt sich bis zum zweiten Weltkrieg auf dem Markt. Zu den weiteren Innovationen des Jahres 1910 zählten der bis dahin als Teil des Rahmens fungierende, nun aber „frei" in den Rahmen gehängte Motor sowie ein Zweiganggetriebe. In nur einem Jahrzehnt vermochte eine vollkommen unbekannte Marke sich nicht nur zu etablieren, sondern wegweisend auf die Entwicklung des Motorrads Einfluß zu nehmen.

INDIAN
HENDEE MFG.CO
Springfield, Mass.

1902 Indian Camelback

Diese Indian ist eins der ältesten noch existenten Exemplare. Ihr Besitzer, David Hansen von The Shop aus dem kalifornischen Ventura, ist erst der dritte Eigner dieses seltenen Stücks. Das Motorrad ist nicht vollständig erhalten und steht zu Präsentationszwecken auf nicht originalen Rädern. Die Motornummer 268 datieren Harry V. Sucher auf den Zeitraum 1902–03, Jerry Hatfield hingegen auf das frühe Jahr 1903 zurück. Trotz ungenauer Datierung stellt dieses historische Fahrzeug eine direkte Verbindung zu seinen Schöpfern Oscar Hedström und George Hendee dar, den Gründervätern der legendären Marke Indian. Alle Indian-Modelle bis 1904 wurden in königsblauer Lackierung ausgeliefert.

Spezifikation

Modell
1902 Indian
Baujahr
1902
Bohrung x Hub
k.A.
Hubraum
13 cu.in. (225 ccm)
Leistung
1,75 PS
Ventiltrieb
wechselgesteuert
Höchstgeschwindigkeit
40 km/h
Benzinverbrauch
4,0 l/100km (geschätzt)
Getriebe
keins
Schaltung
keine
Radstand
1219 mm
Raddurchmesser
28 Zoll
Rahmentyp
Dreiecksrahmen (Typ Diamant)
Vorderradgabel
starre Fahrradgabel
Gewicht
44,5 kg

1911–1920

Der erste Weltkrieg

Das neue Jahrzehnt versprach für die Hendee Manufacturing Company eine überaus erfolgreiche Dekade zu werden. Die bauliche Erweiterung der Produktionshallen an der State Street und in Hendeeville schritt stetig voran, ermöglicht durch den erneuten Verkauf von Firmenaktien. Diese weitere Streuung des Firmenkapitals trug nicht unerheblich dazu bei, daß die Kontrolle über das Unternehmen immer mehr den Händen der Firmengründer entglitt und sich zunehmend in den Händen der Aktionäre konzentrierte. Trotz dieser internen Problematik expandierte das Händlernetz, daß zusehends auch von den immer häufigeren Rennerfolgen profitierte. Zu den erinnerungswürdigsten Rennen auf den populären Holzparkettpisten, den Board-Tracks, zählte zweifellos der Siegeskampf zwischen Charles „Fearless" Balke und Ray Seymour im kalifornischen Elmhurst. Balke fuhr auf Excelsior und Seymour auf Indian. Über die gesamte Renndistanz von 50 Meilen fuhren beide Männer ein hartes Kopf-an-Kopf-Rennen, das Seymour nach einem Überholversuch in der allerletzten Runde mit einer Radlänge Vorsprung letztendlich für sich entscheiden konnte.

Die Firmengründer strebten nach ständiger Innovation und der Vermarktung eines echten Qualitätsprodukts, und so entwickelten sie 1912 eine vollgefederte Rahmenkonstruktion. Das neue Motorrad debütierte im Jahre 1913 und machte Indian zum weltersten Hersteller eines Motorrads mit Hinterradfederung. Leider trübten Unstimmigkeiten immer häufiger das Verhältnis zwischen den Firmengründern, die mittlerweile als Unternehmensleiter angestellt waren, und dem Aktionärsdirektorium bezüglich verschiedenster Themenbereiche, so beispielsweise über die Kosten für das werkseigene Renngagement, die verwendeten Rohstoffe oder die neuerliche Erweiterung der Fabrikkomplexe. Rückblickend dürften diese Streitigkeiten dem Niedergang der Marke den ersten Grundstein gelegt haben.

Unten: *Diese im Besitz von George Twine befindliche 1913 Standard verfügt über ein 500-ccm-Einzylindertriebwerk (30.50 cu.in.).*

Links: *Der Zylinder ist nach hinten geneigt, die Gemischversorgung erfolgt über einen Hedström-Vergaser.*

In dieser Zeit trat dem Unternehmen ein Mann bei, der auf die weitere Entwicklung der Marke Indian einen großen Einfluß ausüben sollte. Charles Bailey Franklin wurde am 13. Oktober 1880 in Belfast, Nordirland, als Sohn von Lorenzo Franklin, einem Werftarbeiter, und Annie Francis Bailey geboren. Im Verlauf der neunziger Jahre zog die Familie nach Dublin, wo der junge Charles während seiner schulischen Ausbildung eine Vorliebe für die Wissenschaften und die Mathematik entwickelte. Dort erkrankte er an einer Lungenentzündung, die er um Haaresbreite nicht überlebte. Nach einer langen Gesundungsphase trat er dem örtlichen Radsportclub bei, was seiner weiteren Genesung durchaus sehr förderlich war. Frische Luft und steigende körperliche Kondition halfen bei der Regenerierung der Lungenmuskulatur. 1897 schrieben Annie und Lorenzo ihren Sohn Charles schließlich im Dublin Technical College ein, einem Institut für höhere Bildung. Dort studierte Franklin das Fach Elektrotechnik, in dem er 1901 erfolgreich graduierte. Er fand Anstellung in einem Elektrobetrieb und entwickelte starkes Interesse für die damals noch in den Kinderschuhen steckenden Motorräder. Seine Berufslaufbahn verlief sehr zufriedenstellend und 1903 trat er eine Stellung an in einem gerade an den Ufern des Liffey entstehenden Kohlekraftwerk. Anfangs als stellvertretender Ingenieur eingestellt, wurde er bereits 1905 in den Posten des Chefingenieurs berufen.

Oben: *Diese Board-Track-Rennmaschine von 1913 ist seit 14 Jahren im Besitz von Donald Harras aus Sudbury, Massachusetts. Leider ist nichts über die Rennhistorie der noch im Originalzustand befindlichen Maschine bekannt.*

Charles Franklin machte die Bekanntschaft Billy Wells' aufgrund beider Vorliebe für Fahrräder und Motorräder. Auch in Irland wuchs das Interesse für die Marke Indian, und in seiner Freizeit nahm Franklin auf einer Indian an kleineren Rennveranstaltungen teil. Wells zählte mittlerweile zu den Aktionären der Hendee Manufacturing Company und war seit 1909 offizieller Importeur der Marke für Großbritannien. (Irland war Teil seines Zuständigkeitgebiets, da das Land erst 1921 die Unabhängigkeit von Großbritannien erlangte.) In weltweiten Motorradfahrerkreisen bekannt wurde Charles Franklin vor allem durch seinen Erfolg bei der Senior-TT auf der Isle of Man des Jahres 1911. Er gehörte zu jenen drei Indian-Fahrern, die die ersten drei Plätze des Klassements für sich zu entscheiden vermochten. In diesem Jahr fand die immer populärer werdende Tourist Trophy erstmals auf dem 37,75 Meilen (60,7 km) langen „Mountain Course“ statt. Die Renndistanz betrug fünf Runden, was einer Gesamtstrecke von 188,75 Meilen (303,5 km) entsprach. Erschwert wurde das Rennen allerdings dadurch, daß das Reglement die damals üblichen Pedaltriebe verbot, die an Steigungen in der Regel für zusätzlichen Vortrieb genutzt wurden.

Wells fungierte als Mannschaftsführer und war von Hendee und Hedström angehalten, Ausschau nach geeigneten Rennfahrern zu halten, die gemeinsam mit Jake De Rosier, den Oscar Hedström noch persönlich als Werksfahrer nominiert hatte, Wettkämpfe für Indian bestreiten sollten. In Quebec geboren, begann Jacob „Jake“ De Rosier seine Laufbahn als Motorradrennfahrer im Alter von 23 Jahren. Sein erstes Rennen fuhr er in Los Angeles und 1911 stellte er mit 92 mph (148 km/h) einen Geschwindigkeitsrekord auf. Board-Track-Rennen waren ein gefährlicher und sehr unflätiger Sport. Es war durchaus nicht unüblich, daß die Fahrer gegenseitig versuchten, die Zündungshebeleien zu beschädigen, oder nicht erlaubte Taktiken anwendeten, wie beispielsweise das Haken, Stoßen oder Abdrängen eines Wettkampfgegners über den Pistenrand hinaus. Die Pisten

Oben und rechts: *Indians frühe V-Twins – die sogenannten „F-Heads" – besaßen einen wechselgesteuerten Ventiltrieb. Der Hubraum belief sich auf 38.61 cu.in. (632,9 ccm), Motor und Getriebe waren als verblockte Einheit in einem gemeinsamen Gehäuse untergebracht.*

ihrerseits bestanden aus Holzbrettern, die mit der schmalen Seite nach oben in Fahrtrichtung aneinandergesetzt waren. In der Regel befanden sich diese steilwandigen Rennkurse in einem sehr schlechten Zustand, da oftmals das entsprechende Holz fehlte oder eine regelmäßige Nutzung nicht gegeben war, ganz zu schweigen von den unzähligen Motoröllachen der verlustgeschmierten Motorräder. Doch die Fahrer hatten nicht nur mit sich selbst und den widrigen Streckenbedingungen zu kämpfen, sondern ebenfalls mit betrügerischen Veranstaltern und all denjenigen, die die Risikobereitschaft der Fahrer als profitable Einnahmequelle ausnutzten. In diesem lebensgefährlichen Ambiente hatte Jake De Rosier, als er sich für die Isle of Man verpflichtete, bereits über 900 Siege eingefahren.

Das Reglement der Tourist Trophy erforderte die Konstruktion ganz spezieller Motorräder. So erlaubten die Regeln für Zweizylinder ein ungewöhnliches Hubraummaß

Oben: *Die Powerplus von 1916 war die erste Maschine einer neuen Generation von Indian-Motorrädern, die nicht mehr unter der Federführung der Firmengründer Hendee und Hedström entstanden, sondern von Männern wie Charles Gustafson konstruiert wurden.*
Rechts: *Dieser V-Twin von 1913 stammt noch aus der Hand der Indian-Gründer.*

von nur maximal 585 ccm, während Einzylindermaschinen aufgrund ihrer angeblich höheren Zuverlässigkeit mit 500 ccm an den Start gehen durften. Diese Einschätzung der damaligen Organisatoren war vielleicht nicht ganz korrekt, aber die Regeln standen nun einmal fest. Die für die TT gebauten V-Twin-Indians leisteten 3,75 PS; Bohrung und Hub betrugen pro Zylinder 70 und 76 mm, woraus sich ein Gesamthubraum von 585 ccm ergab. Weiterhin waren sie ausgerüstet mit Kettenantrieb und einem Zweiganggetriebe mit Vorgelegewelle. Die Übersetzungsverhältnisse lagen für den direkten Gang bei 3,5:1, für den ersten Gang bei 5,08:1. Die Rahmenkonstruktion basierte auf einem recht kurzen Radstand, so daß für die Unterbringung von Triebwerk und Getriebe der Durchmesser der Schwungscheiben und die Größe des Kurbelwellengehäuses verringert werden mußten. Ansonsten statteten die Indian-Techniker die TT-Maschinen mit der aus Springfield bereits bekannten Motortechnik aus, die sich durch hängende Einlaßventile, seitliche Auslaßventile, mechanische Motorschmierung und demontierbare Zylinderköpfe auszeichnete. Die Köpfe waren im Gegensatz zur üblichen Vierbolzenbefestigung hierbei nur mit drei Bolzen gehalten. Schalldämpfer wurden für das Rennen nicht vorgeschrieben, wohl jedoch für die Trainingsläufe. Am Sattelrohr befestigte man einen zusätzlichen Öltank mit Tropfölmechanismus. Der am Benzintank montierte Schalthebel wurde weiter nach vorn in die Nähe der Lenkstange verlegt, um den während des Rennens auf ihren Maschinen kauernden Fahrern einen besseren Zugriff zu ermöglichen. Die Trittbretter ersetzte man durch Fußrasten, die jedoch eine Überarbeitung des Betätigungsmechanismus der Kupplung erforderten. Die hintere Bremse wurde per Fußkraft bedient, während Gas- sowie Vor- und Nachverstellung des Zündzeitpunkts über Drehgriffe am Lenker erfolgten.

Neben Jake De Rosier gehörten zur TT-Mannschaft Charles Franklin, Jimmy Alexander, Oliver Godfrey und Arthur Moorhouse. Alle Fahrer zählten zur Spitzengruppe der damaligen Straßenrennfahrer. Das fünfköpfige Indian-Team trat gegen mehr als 50 starke Gegner an, unter ihnen Charlie Collier auf einer Matchless-JAP-Einzylinder und Frank Philip auf einer Scott-Twin mit Drehschieber-Einlaß. Die Verteilung von Favoritenrollen erwies sich als pure Spekulation, gab es während des fünfrundigen Rennverlaufs doch etliche Führungswechsel und andere dramatische Situationen. G.S. Davidson beobachtete das Rennen und hielt seine Eindrücke später in einem Buch unter dem Titel *The Story of the TT* fest. Er berichtete von einem strahlend sonnigen Renntag, was für die Fahrer nichts anderes bedeutete, als daß die Strecke trocken und die Feldwege der bergigen Teilstücke keine allzu große Gefahr sein würden. Jake De Rosier, wie gewohnt in Laufschuhen und Strumpfhose, übernahm gleich in der ersten Runde die Führung, gefolgt von Collier auf der Matchless und Oliver Godfrey auf einer der anderen Indians. Franklin und Moorhouse lagen auf dem vierten und sechsten Platz. Alle Indian-Fahrer außer De Rosier waren konservativer in Reithosen, Lederjacken und Stiefeln gekleidet.

Die Reihenfolge änderte sich jedoch bereits im zweiten Durchgang, als Collier die Spitze übernahm. Trotz eines Tankstopps behielt Godfrey seine dritte Position auf der Indian mit der Startnummer 17 bei. Jimmy Alexander verunglückte auf seiner Indian mit der Startnummer 7. Er selbst verletzte sich glücklicherweise nur am Knie, beschädigte aber den rechten Drehgriff seiner Maschine und schied damit aus. Moorhouse kämpfte sich vor auf Platz Fünf. Die dritte Runde brachte erneut Bewegung ins Feld. Collier baute seinen Vorsprung auf fast eine Minute aus, während De Rosier von Godfrey überholt wurde. Weiter hinten im Feld gelang Philip, passend zu seiner Scott in purpurrotes Leder gekleidet, mit 44 Minuten und 52 Sekunden die schnellste Runde des Tages, obgleich ihm diese Leistung nicht zu einer Position in der Spitzengruppe verhalf. Franklin und Moorhouse verteidigten ihre Plätze. Runde Vier brachte für die führenden Fahrer einen erneuten Wechsel. Eine Reifenpanne warf Charlie Collier auf den dritten Rang zurück, während Jake De Rosier in Ramsey von einem technischen Defekt ereilt wurde. 20 Minuten dauerte die Reparatur am Einlaßventil des hinteren Zylinders und der Austausch einer Zündkerze. Oliver Godfrey auf der Indian mit der Nummer 26 arbeitete sich nach vorn und übernahm mit einem Abstand von zwei Minuten zu Charles Franklin die Führung. Arthur Moorhouse auf Indian Nummer 31 verteidigte seine vierte Position bis in die fünfte und letzte Runde. Charlie Collier unternahm einen letzten Versuch, an die Spitze zu fahren, überholte dabei Franklin und setzte sich mit einer Minute Rückstand zu Oliver Godfrey an die zweite Position. Trotz aller Anstrengungen wurde sein zweiter Platz nicht gewertet, da er außerhalb der offiziellen Tankstopps in Douglas und Ramsey Benzin nachgefüllt hatte. Somit war er disqualifiziert. De Rosier, der sich im weiteren Rennverlauf auf Platz 11 vorgekämpft hatte, ereilte das gleiche Schicksal, stammten doch die ersetzte Zündkerze und eine Ersatzmutter nicht aus dem mitgeführten Bordgepäck. Die ersten drei Plätze gingen also an Godfrey (26), Franklin (17) und Moorhouse (31), mit entsprechenden Zeiten von 3.56.10, 3.59.52 und 4.5.34.

Der mühsame Bergkurs brachte Indian unschätzbare Erfahrungen. Für die Konstrukteure der Marke gehörten Rennmaschinen ohne Getriebeübersetzungen und die her-

Indian

kömmlichen Riemenantriebe ab diesem Zeitpunkt der Vergangenheit an. Mehrganggetriebe und Kraftübertragungen über Kette hießen die Lösungen für eine konkurrenzfähige Zukunft. Die Organisatoren der Tourist Trophy realisierten, daß die Festlegung der Hubraumgrenzen im Prinzip unfair war, so daß sie für 1912, als Franklin und seine Mannschaftskollegen erneut an den Start gingen, glatte Hubraumhöchstgrenzen einführten, 500 ccm für die Senior-TT und 350 ccm für die Junior-TT. Der spektakuläre dreifache TT-Erfolg bedeutete für Indian enormes Entwicklungs- und Werbepotential. Bis heute gelang es keinem amerikanischen Motorrad, diesen Erfolg auf der Isle of Man zu wiederholen.

Billy Wells überredete Charles Franklin, im irischen Dublin einen Verkaufsstützpunkt für Indian zu eröffnen,

Links oben: *Unrestaurierte Indians haben ihren eigenen Charme, da sie dem Betrachter ungeschönten Einblick in ihre zur damaligen Zeit revolutionäre Technik gewähren. 1913 führte Indian den gefederten Schleifenrahmen ein, den sogenannten „Cradle Spring Frame" (Wiegefeder-Rahmen).*
Links unten: *Der erste seitengesteuerte V-Twin debütierte in der Powerplus von 1916.*

und dort halbtags Motorräder zu verkaufen. Die erforderlichen Räumlichkeiten richtete er sich im Keller seines Wohnhauses in einem von Dublins Vororten ein, in dem er mit seiner Ehefrau Nancy lebte. Die Konstruktion der Indian-Motorräder verbesserte sich zusehends, doch in seiner freien Zeit beschäftigte sich Franklin parallel mit der Entwicklung neuer und modifizierter Konzeptionen. So entwarf er ein Motorrad, dessen Triebwerks- und Getriebeeinheit nicht mehr getrennt voneinander, sondern gemeinsam in einem Gehäuse untergebracht waren. 1912 war dann schließlich der Basisentwurf herangereift, aus dem später die Indian Scout hervorgehen sollte. Seine Ideen folgten den Entwicklungen des französischen Entwicklers Peugeot, der anders als die ebenfalls aus Frankreich stammenden Konstrukteure De Dion und Bouton, auf deren Prinzipien die meisten der damaligen Motoren beruhten, einen mechanisch gesteuerten Ventiltrieb konstruiert hatte. Ein ebenso großer Erfolg wie in 1911 schien beim neuerlichen TT-Start des Jahres 1912 daher in greifbare Nähe gerückt zu sein. Das startende Team mußte allerdings auf die hilfreiche Werksunterstützung verzichten, da andere Verpflichtungen das Unternehmen einspannten. Oliver Godfrey fiel noch vor dem Start mit Motorproblemen aus. James Alexander reichte es nur für den achten Platz und Charles Franklin gelangte aufgrund von durchschlagenen Reifen erst als Zwölfter ins Ziel.

Daheim in den USA empfahl George Hendee dem Direktorium Charles Gustafson für den Posten des Chefingenieurs. Auch er folgte den Konstruktionsprinzipien Peugeots, und mit seinen Erfahrungen, die er mit den Thor-Motorrädern gesammelt hatte, entwickelte er einen neuen Motor, der für die Verkaufssaison 1916 schließlich als Powerplus Premiere feierte. Hendee trug sich mit der Absicht, die technische Abteilung des Unternehmens durch ausgebildete Fachkräfte zu stärken. Wells, der bereits in Indians Anfangsphase von Hendee in das Direktorium berufen worden war, schlug zu diesem Zweck Charles Franklin vor, dessen Interesse für Motorräder, Fähigkeiten auf technischem Gebiet und Erfahrungen im Rennsport ihn zum idealen Kandidaten für diese Aufgabe machten. Franklin gab daraufhin seine Tätigkeit in Dublin auf und wechselte in die Vereinigten Staaten zu Indian. Sein erstes Themengebiet war die Model L, in die er diverse Modifikationen einfließen ließ. Im Anschluß daran modifizierte er Gustafsons Powerplus-Triebwerk. Neben Franklin zählte auch Thomas Callahan Butler, ein graduierter Ingenieur des Virginia Military Institute, zur Entwicklungsabteilung. Franklin entwarf den längs eingebauten Boxermotor der Model O sowie später einen 45° V-Twin mit einem Hubraum von 37 cu.in. (600 ccm). Dieses Triebwerk entpuppte sich sofort als großer Erfolg. Auf Butlers Empfehlung hin beruhte die Konstruktion des neuen Motorradmodells auf einem kürzeren Radstand und, für die damalige Zeit eher unüblichen,

Oben: *Später kehrte Indian zu ungefederten Rahmenkonstruktionen zurück, wie diese Scout aus den zwanziger Jahren belegt. Hinterradfederungen sollten jedoch erst in den dreißiger Jahren ihre Wiederkehr feiern.*

kleineren Raddurchmessern. Butler war es auch, der das Direktorium davon überzeugte, seine Verkaufspolitik nicht nur auf die erfolgreichen 1000-ccm-Zweizylindermodelle zu konzentrieren. Das neue Modell ging bezeichnenderweise unter dem Namen Scout in Produktion. Die Scout erreichte eine Spitzengeschwindigkeit von über 80 km/h, war komfortabel zu fahren und zeigte sich erstaunlich handlich im Umgang. Bis 1927 blieb die Scout mit Ausnahme von kleinen Detailmodifikationen nahezu unverändert im Programm und verkaufte an die 60.000 Exemplare. Genau dieses Modell sollte Indian in den Jahren 1921–22 vor dem Konkurs retten. 1927 wurde eine 740-ccm-Version (45 cu.in.) der Scout eingeführt, die schließlich in der Entwicklung der 101-Modelle gipfelte, erhältlich mit Hubräumen von 37 cu.in. (600 ccm) und 45 cu.in. (740 ccm). Die 101 Scout gilt allgemein als die beste Konstruktion, die die Werkshallen in Springfield jemals verlassen hat. Franklin entwickelte aber auch Einzylindermotoren und einige Renntriebwerke, wie beispielsweise jenen von zwei Vergasern beatmeten V-Twin mit 61 Kubikzoll (1000 ccm), mit dem der höchste jemals auf einem Board-Track gefahrene Rundenrekord aufgestellt wurde: 120 mph bzw. 193 km/h. Unglücklicherweise plagte Franklin seine bereits in jungen Jahren angeschlagene Gesundheit, und er erkrankte erneut an Lungenentzündung und Emphysemen. Er starb im Oktober 1932 im Alter von nur 52 Jahren.

Jacob „Jake" De Rosier kehrte nach seiner Teilnahme an der Tourist Trophy nicht gleich in die Vereinigten Staaten zurück, sondern absolvierte einige weitere Rennen, in denen er, gesponsort von Billy Wells, gegen Charlie Collier auf der berühmten, drei Meilen langen Betonbahn im britischen Brooklands antrat. Collier hatte in Brooklands bereits spektakuläre, bis dahin ungebrochene Rekorde aufgestellt, während De Rosier als US-Champion auch in Europa kein unbeschriebenes Blatt war. Die Erwartungen in die Rennen trieben immer stärker ihrem Siedepunkt entgegen. De Rosier bereitete für die Rennen einen 1000-ccm-V-Twin im üblichen Board-Track-Rahmen mit kurzem Radstand vor, während Collier auf einer Matchless mit JAP-V-Twin an den Start zu gehen beabsichtigte. Drei Renndistanzen waren zu absolvieren: zwei, fünf und zehn Runden, jeweils mit fliegendem Start.

Das erste Rennen entschied sich nur knapp. De Rosier überließ Collier die Führung, und hängte sich nahezu über die gesamte Distanz in dessen Windschatten. Kurz vor der

Links: *Die Kurbelgehäuse der in Indian-Rot ausgelieferten Maschinen waren ursprünglich ebenfalls in Fahrzeugfarbe lackiert.*
Rechts: *Max Bubeck, seit langen Jahren leidenschaftlicher Indian-Enthusiast, wiederholte 1993 auf dieser Indian von 1915 die von Cannonball Baker im Jahre 1914 unternommene transkontinentale Fahrt durch Amerika.*

Indian
GINEERING
MOTO
MUSEUM
1990 MEET
AMA
HERITAGE
RALLY
15
Indian

Ziellinie schoß De Rosier hinter seinem Gegner hervor und gewann den ersten Entscheid mit einer Motorradlänge Vorsprung und einer Durchschnittsgeschwindigkeit von 80,6 mph (129,7 km/h). Im zweiten Rennen über fünf Runden versuchte De Rosier dieselbe Taktik, wurde jedoch bei 90 mph (145 km/h) von einem platzenden Reifen ereilt. Er vermochte zwar seine Maschine ohne Sturz zum Stehen zu bringen, mußte aber dieses Rennen aufgeben. Das dritte und letzte Rennen stand ebenfalls unter schlechten Vorzeichen, wobei es diesmal Colliers Matchless traf, die ihren Fahrer mit einem losgerüttelten Zündkabel plagte. Noch in voller Fahrt gelang es Collier, den Defekt zu reparieren, doch De Rosier war ihm bereits davongezogen. Colliers Versuch, auf De Rosier aufzuschließen, verhinderte letztendlich nicht dessen Sieg, erfahren mit einem Durchschnitt von 84,5 mph (135,9 km/h).

Zurückgekehrt in die USA erwiesen sich für De Rosier die nächsten Rennen als weniger glückreich. In Guttenberg, New Jersey, kollidierte er mit einem Fahrer namens Frank Hart. De Rosier wurde nur geringfügig verletzt, Hart hingegen zog sich einen Beinbruch zu. Am 10. März 1912 nahm De Rosier erneut an einem Wettkampf teil. Im Motordrome von Los Angeles trat er gegen Charles „Fearless" Balke an, beide auf Excelsior. De Rosier wandte auch hier seine

Oben: *Die Powerplus, ausgestattet mit Hinterradfederung und Dreiganggetriebe, debütierte 1916, der stromlinienförmige Benzintank – hier zu sehen an einem unrestaurierten Liefergespann – folgte im darauffolgenden Jahr.*

berühmte Windschattentaktik an, um kurz vor dem Ziel an seinem Gegner vorbeizuziehen. Berichten zufolge blickte Balke über seine Schulter, als De Rosier Anstalten machte, ihn zu überholen. Im gleichen Augenblick verlor Balke jedoch die Kontrolle über seine Maschine und trieb auf De Rosier zu. Beide Fahrer kollidierten und De Rosier wurde durch die Luft gegen die obere Pistenbegrenzung geschleudert. De Rosier überlebte zwar, zog sich aber schwere Verletzungen zu, die in zwei umfangreichen Operationen in den Krankenhäusern von Los Angeles behandelt werden mußten. Als er wieder zu Kräften gekommen war, kehrte er nach Massachusetts zurück, um dort vollends gesunden zu können.

Während seiner Rekonvaleszenz bemühte er sich um wichtige Verbesserungen im Motorradrennsport. So forderte er unter anderem Regeln, die bei Rennen Helme und Brillen vorschreiben sowie Neulinge und Draufgänger von den Rennpisten fernhalten sollten. Ein weiteres Anliegen war ihm auch die Einführung höherer Begrenzungszäune für die Strecken selbst. Leider blieb es ihm nicht vergönnt, seine Vorschläge in die Realität umgesetzt zu sehen. Nach einem Jahr in Springfield mußte er sich erneut einer Operation unterziehen, der er am 25. Februar 1913 erlag. Sein Tod schockierte die amerikanische Motorradwelt. Im Nachruf einer Zeitung waren die Worte zu lesen: „There was but one Jake De Rosier. There will never be another, for the conditions under which he achieved fame will never return". Dem war nichts hinzuzufügen. Sein Tod (und der schreckliche Tod von sechs Zuschauern und zwei Fahrern – Ray Seymour und Indian-Fahrer Eddie Hasha – während eines Rennens in Newark, New Jersey, im September 1912) ließen das Publikumsinteresse an den Motordromes rasch abklingen. Hinzu kam, daß der erste Weltkrieg, die steigenden Preise für das Fahrbahnholz und die nahende Depression den Board-Tracks den endgültigen Todesstoß versetzten. Spektakuläre Triumphe und entsetzliche Tragödien begleiteten in all den Jahren Indians Werdegang, doch im Hintergrund brauten sich dramatische Konflikte ganz eigener Art zusammen. Obgleich diese Konflikte nicht sonderlich in die Öffentlichkeit gelangten, nahmen sie doch großen Einfluß auf das weitere Schicksal der Marke – ebenso wie die Konflikte, die sich weitab von Springfield am fernen Horizont Europas zusammenbrauten.

Am 24. März 1913 verließ Oscar Hedström das Unternehmen aus persönlichen Gründen, die nach allgemeinem Kenntnisstand aber unumstößlich mit seiner Unzufriedenheit gegenüber dem Aktionärsdirektorium in Verbindung standen. Immer neue Meinungsverschiedenheiten über finanzielle Belange, insbesondere dem Vorhaben, weitere Firmenaktien auf den Markt zu werfen, trieben Hedström zu diesem Schritt. Die Direktoren waren alles andere als begeisterte Motorradenthusiasten und betrachteten die Hendee Manufacturing Company als bloße Einnahmequelle. Die Entscheidung Hedströms ist leicht nachzuvollziehen, bedenkt man, daß er als genialer Techniker seine Arbeit durch solcherlei Beweggründe keinesfalls entmoralisiert sehen mochte. Nach seinem Rücktritt zog er sich auf seinen Landsitz in Connecticut zurück und lehnte wiederholt lukrative Angebote von anderen Unternehmen ab. Sein Abschied bedeutete für Indian einen ungeheuren Verlust.

Im ersten Weltkrieg beabsichtigten die Vereinigten Staaten ihre Neutralität zu wahren, da dieser Krieg von vielen in erster Linie als europäischer Konflikt angesehen wurde. Nach der Versenkung des Liniendampfers *Lusitania* durch das deutsche Unterseeboot U-20 in der Nähe von The Head of Old Kinsale, Irland, im Jahre 1915, bei der 1198 Menschen ihr Leben ließen, und der Torpedierung ziviler Schiffe im Atlantik, wuchs die Sympathie für die alliierte Sache derart, daß Amerika schließlich an der Seite der Alliierten in den Krieg eintrat. Indian und auch alle übrigen Hersteller von Motorfahrzeugen jedweder Art sahen hierin natürlich eine günstige Verkaufschance ihrer Produkte an das Militär. Es war durchaus kein Geheimnis, daß die amerikanische Regierung aufgrund ihrer Erfahrungen im Krieg gegen Mexiko, der 1914 begonnen hatte und schließlich zur amerikanischen Besetzung von Vera Cruz führte, bereits Automobile zu militärischen Zwecken erprobt hatte. Während seines Exils in den USA erlernte der mexikanische Revolutionsführer Pancho Villa den Umgang mit einer Indian, was ihn schließlich auf die Idee brachte, auf seinem kommenden Feldzug gegen die mexikanischen Regierungstruppen in Nordmexiko Motorradfahrer als Kuriere einzusetzen.

Der Krieg gegen Mexiko im Jahre 1914 barg für die amerikanische Regierung insofern eine Schlüsselfunktion, weil hier zum ersten Male in der amerikanischen Geschichte Motorfahrzeuge zum Einsatz kamen. Bis zu diesem Zeitpunkt war für die Militärs Mobilität gleichbedeutend gewesen mit Kavallerie, strukturiert noch nach Strategien aus dem Sezessionskrieg des vorangegangenen Jahrhunderts. Indian und die anderen Motorradhersteller wurden angehalten, ihre Zweiräder für die militärische Anwendung zu adaptieren sowie für die Montage schwerer Maschinengewehre geeignete drei- und vierrädrige Gefährte zu entwickeln. Überliefert ist, daß zumindest eine dieser Maschinen 1916 auf dem New Yorker Exerziergelände, dem New York Armory, ausführlichen Tests unterzogen wurde.

Die Verhandlungen mit den Materialbeschaffungsstellen der Armee zogen sich bis in den Herbst des Jahres 1916 hinein, da die Regierung zusätzlich zu den Spezialfahrzeugen ebenfalls Solomaschinen und Gespanne benötigte. Motorräder von Indian, Harley-Davidson und Excelsior wurden erprobt, bis schließlich Indian den Zuschlag für 20.000 Einheiten erhielt. Die anderen Hersteller mußten sich mit geringeren Auftragsmengen zufrieden geben. Trotz hoher Stückzahl bereitete der Auftrag Indian erhebliche Probleme, da die Einkäufer der U.S. Army nur niedrigste Preise zu akzeptieren bereit waren. So einigten sich Indian-Direktorium und Einkäufer schließlich auf $ 187,50 für Solomaschinen und $ 47,00 für Seitenwagenrahmen und -aufbau. Das Grundproblem dieser Kalkulation lag jedoch in der inflationären Entwicklung der Materialpreise und der Fehleinschätzung seitens der Indian-Verantwortlichen, die die wirklichen Produktionskosten bei der Festlegung der Preise dramatisch unterschätzten. Die an die Regierung zu liefernden Maschinen bedeuteten für Indian letztendlich nichts anderes als ein riesiges Zuschußgeschäft. Diese überaus ungünstige Situation zwang Indian, die bisherigen Produktionsmethoden zu überdenken, so daß man schließlich Teile der Fertigung an spezialisierte Betriebe abtrat. So entstanden Motorgehäuse bei Brown and Sharpe in Providence, Rhode Island, während andere Komponenten von der in Springfield ansässigen Moore Drop Forge Company produziert wurden, an die Indian später Teile des Hendeeville-Werks verkaufte.

Ohne Zweifel steckte Indian in einer großen Krise, so

Unten: *Dieser Indian-Katalog datiert aus dem Jahre 1917 und ist typisch für das Werbematerial der damaligen Zeit. Zur Modellpalette gehörten u.a. auch die Powerplus und die Model O.*

Links: *Die Modell O basierte auf der britischen Douglas. Mit Motorrädern wie diesem wollte Indian am Markt auch leichtgewichtige Maschinen – gebaut zwischen 1917 und 1919 – etablieren. Das abgebildete Exemplar stammt von 1917, erkennbar an der Vorderradschwinge mit Horizontalfeder – spätere Modelle verwendeten eine Blattfederschwinge.*
Oben: *Das Boxer-Triebwerk verfügt über einen Hubraum von 14 cu.in. (257 ccm).*

daß der damalige Generaldirektor Frank Weschler Oscar Hedström überredete, für eine temporäre Anstellung wieder nach Springfield zurückzukehren. Hedström zeigte sich alles andere als begeistert, erklärte sich aber schließlich bereit und kehrte für drei Monate in sein ehemaliges Unternehmen zurück. Seine Zusage wertete die Öffentlichkeit nicht nur als seinen persönlichen Beitrag zu Amerikas Kriegsengagement, sondern stärkte zudem auch die Moral der Indian-Belegschaft. Es gelang ihm, die Effizienz der Produktion insoweit zu steigern, daß die Herstellung der Militärmaschinen letztendlich pro Maschine einen kleinen Gewinn abwarf. Die laufende Produktion der Model O fuhr er drastisch herunter, um zusätzliche Kapazitäten für

die Militärmaschinen zu schaffen. Zum damaligen Zeitpunkt erwies sich dieser Großauftrag mehr als unpassend, denn die recht spärliche Zivilproduktion dünnte die Ausstellungsräume der Indian-Händler immer mehr aus und verschaffte auf dem heimischen Markt den konkurrierenden Herstellern einen ungeheuren Vorsprung.

Am 6. April 1917 erklärten die USA Deutschland und seinen Verbündeten den Krieg, obwohl die Vorbereitung des US-Militärs nicht so optimal ausfiel, wie man es hätte erwarten können. Der demokratische Präsident Woodrow Wilson richtete einen Appell an die gesamte Industrie, ihre Kapazitäten soweit wie irgend möglich zu steigern, so daß das Produktionsvolumen an Militärmotorrädern einen nie wieder erreichten Höchststand erklomm. Um die Wartung der Maschinen unter Kriegsbedingungen sicherstellen zu können, errichtete Indian-Mitarbeiter Tommy Butler eine spezielle Serviceorganisation. Unter Mithilfe der Rekrutierungsbüros wurden für die U.S. Army zu diesem Zweck an die 3000 Mechaniker verpflichtet, die sich nicht nur um Indians, sondern ebenfalls um Harley-Davidsons und Excelsiors zu kümmern hatten.

Im Frühjahr 1918 gelang es Indian, für die Lieferung weiterer Maschinen einen profitableren Vertrag auszuhandeln, und gegen Kriegsende befanden sich schließlich an die 70.000 Motorräder im Besitz der U.S. Army und anderer Militärorganisationen. 41.000 dieser Maschinen stammten von Indian, während die verbleibenden 29.000 Einheiten sich aus den Fabrikaten Harley-Davidson, Excelsior und Cleveland rekrutierten. Trotz des hohen Produktionsvolumens hatte sich Indian finanziell in eine prekäre Situation manövriert und durch eine mangelnde Versorgung des heimischen Markts mit Motorrädern und Ersatzteilen zahlreiche Konzessionäre verloren. Die steigende Inflation trug ebenfalls ihren Teil dazu bei. Vorrangiges Ziel war es also, für die Saison 1919 eine attraktive Modellpalette zu präsentieren. Sie beinhaltete neben dem V-Twin Model N auch deren Variante mit elektrischer Anlage, die Model NE. Ebenfalls im Programm war eine für das Handelswesen bestimmte Transportmaschine mit 550-ccm-Einzylindertriebwerk (33.50 cu.in.), vorbereitet für die Montage eines Seitenwagens mit Kastenaufbau. Viele dieser Maschinen verkaufte Indian in die damals immer stärker an Bedeutung gewinnenden Exportmärkte. In England nahm Billy Wells seine Tätigkeit als Indian-Importeur wieder auf, und in den Niederlanden übernahm eine Firma namens R.S. Stokvis en Zonen aus Rotterdam den Vertrieb der Marke für die meisten Länder Europas.

Oben: *Diese Model K von 1916 zählt ebenfalls zur kleinen Schar der Leichtbau-Indians. Angeboten wurde die Maschine mit 221-ccm-Zweitakt-Aggregat (13.50 cu.in.) nur in diesem einen Jahr.*

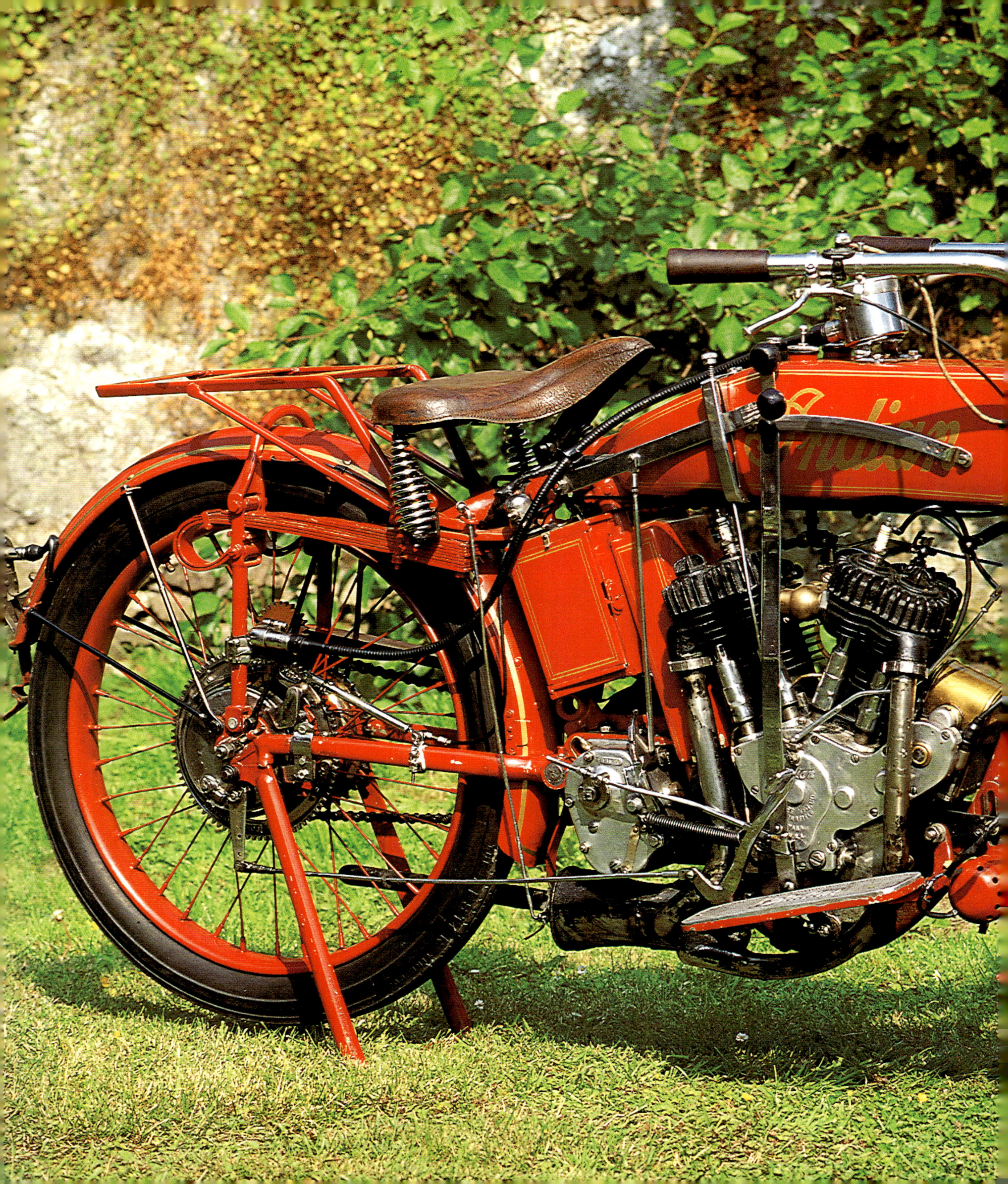

1920 Indian Powerplus

Als die Powerplus im Jahre 1916 der Öffentlichkeit vorgestellt wurde, sorgte sie allein aufgrund ihrer ungewöhnlichen Ventilsteuerung für großes Aufsehen. Zwar gab es in Europa bereits seit einigen Jahren seitengesteuerte Motoren, doch in Amerika existierten solche Triebwerke nur in den wenig verbreiteten Reading Standard. Konstrukteur dieser Motoren war ein gewisser Charles Gustafson, der kurz darauf zu Indian wechselte und dort ähnliche Aggregate entwickelte. Der neue Motortyp erwies sich als erheblich leistungsstärker als die vorangegangenen wechselgesteuerten Triebwerke.

Spezifikation

Modell
Indian Powerplus
Baujahr
1920
Bohrung x Hub
79,4 x 100,8 mm
Hubraum
60.88 cu.in. (997,6 ccm)
Leistung
18 PS
Ventiltrieb
seitengesteuert
Höchstgeschwindigkeit
100 km/h (geschätzt)
Benzinverbrauch
8,0 l/100km (geschätzt)
Getriebe
Dreiganggetriebe
Schaltung
per Hand
Radstand
1498 mm
Raddurchmesser
22 Zoll
Rahmentyp
Schleifenrahmen, gefedert
Vorderradgabel
Blattfederschwinge
Gewicht
181 kg

Indian
Land of Lincoln
Dec 94
13 463 AV
ILLINOIS

1921–1930

Die Zeit der Depression

Die Hendee Manufacturing Company begann die Goldenen Zwanziger in einer eher niedergeschlagenen Stimmung, bedeuteten doch die unrentable Militärproduktion und der damit verbundene Verlust zahlreicher Händler und Kunden einen nicht unerheblichen Rückschritt in der Entwicklung der Marke. Hinzu kam, daß der amerikanische Binnenmarkt für Motorräder zusehends schrumpfte und die Arbeiterschaft Indians eine Verbesserung ihrer Lohnsituation forderte. Auf nationaler Ebene wirkte der 18. Zusatzartikel zur Verfassung, der Herstellung und Ausschank von Alkohol verbot, als zusätzlicher Reizfaktor. Im Januar des Jahres 1920 verabschiedet, läutete dieses Gesetz die berühmt-berüchtigte Prohibition ein. In den Vereinigten Staaten, aber auch im Ausland, zeigte sich die neue Indian Scout als erfolgreiches Modell. Die Verkaufssaison 1921 beging das neue Modell ausgestattet mit einer elektrischen Beleuchtungsanlage, deren Stromversorgung von einer Batterie und einer Splitdorf-Lichtmaschine sichergestellt wurde. Die Popularität dieser Maschine ermutigte viele Händler, Indian doch zur Produktion eines großvolumigeren Pendants zu bewegen, und so begann man in Springfield mit der Planung eines entsprechenden Modells, das als Indian Chief ebenfalls Motorradgeschichte schreiben sollte. Vorgestellt im Herbst 1922, verfügte die Chief über einen 42° V-Twin mit einteiligem Motor-/Getriebegehäuse und 61 Kubikzoll (1000 ccm). Es kamen in der Chief zwar diverse Komponenten der Powerplus und der Standard zum Einbau, doch die meisten Teile konstruierte man neu. Überarbeitete Schutzbleche und ein neu gestalteter Benzintank sorgten für ein sehr modernes Erscheinungsbild. Die im Herbst 1919 für das Modelljahr 1920 eingeführte Scout und die Chief werden gemeinhin als Charles Franklins beste Konstruktionen angesehen. Die Scout zeichnete sich dabei vor allem durch ihren kraftvollen Motor und ihre enorme Zuverlässigkeit aus, so daß Indians Werbeslogan „You can't wear out an Indian Scout" durchaus genau ins Schwarze traf. Die Scout des Jahres 1920 prä-

Unten: *Die Indian Chief (unten) und die Prince (links) zählten zu Indians Angebotspalette der zwanziger Jahre, waren aber für unterschiedliche Marktsegmente konzipiert.*

sentierte sich mit einem seitengesteuerten 42° V-Twin, der mit einem Bohrung/Hub-Verhältnis von 2.75 zu 3.0625 in. (69,9/77,8 mm) einen Hubraum von 36.4 cu.in. (596 ccm) aufwies. Der offiziell mit 37 cu.in. angegebene Motor leistete 11 PS. Der Primärtrieb erfolgte unkonventionell über einen schrägverzahnten Zahnradsatz, der zwar recht laut lief, aber durchaus länger als ein Motorradleben zu überdauern vermochte. Dieses Konstruktionsmerkmal behielten die Indian-Motorräder bis ins Jahr 1933 bei. Das handgeschaltete Dreiganggetriebe erlaubte eine Höchstgeschwindigkeit von knappen 90 km/h und einen Benzinverbrauch von ungefähr 5,5 Litern auf 100 Kilometern. Die Sitzhöhe der auf 20-Zoll-Rädern rollenden Maschine betrug 711 mm (28 in.), während der Radstand mit 1384 mm (54.5 in.) angegeben war. Fahrbereit wog die Scout 154 kg (340 lb). Die 1922 vorgestellte Chief wurde von Indian aufgrund ihres 1000-ccm-Triebwerks gleich zu Beginn ihrer Verkaufskarriere dementsprechend auch als gespanntaugliches Motorrad gepriesen. Die zu einem Preis von $ 435,00 verkaufte Chief besaß eine vor dem Kurbelgehäuse montierte Lichtmaschine mit geradverzahntem Antrieb sowie eine elektrische Beleuchtung. Die Zündung erfolgte über einen Splitdorf-Magnetzünder, die Batterie war untergebracht zwischen Getriebegehäuse und Hinterradschutzblech. Die Chief erreichte mit angebautem Seitenwagen eine Höchstgeschwindigkeit von gut 110 km/h, und der Volksmund überliefert, daß diese Gespanne von den Prohibitions-Schmugglern gern als Transportmittel für ihre illegal gebrannten Spirituosen verwendet wurden.

In den frühen zwanziger Jahren erlebte der Motorradrennsport einen merklichen Popularitätseinbruch. Eine Reihe von tödlichen Unfällen trübte die Begeisterung nicht nur seitens des Publikums, sondern auch seitens der Fahrer und der Motorradhersteller. Bob Perry, der für Excelsior fuhr, starb am 4. Januar 1920 auf dem kalifornischen Ascot Speedway während der Erprobung einer mit obenliegendem Nockenwellentrieb ausgerüsteten Werksrennmaschine. Ignatz Schwinn stellte daraufhin sämtliche Rennaktivitäten seines Unternehmens ein. Indian und Harley-Davidson hingegen führten ihr Rennengagement fort und traten am 4. Juli 1921 beim National 300 (482 km) in Dodge City, Kansas, gegeneinander an. Ins Rennen schickte Indian sieben Maschinen, ausgerüstet mit den neuen, von Franklins Powerplus abgeleiteten Seitenventilern, auch „pocket-valves“ genannt. Für Harley-Davidson fuhren Ralph Hepburn auf einem Achtventiler sowie fünf weitere Fahrer auf seitengesteuerten Doppelnocken-Maschinen. Waldo Korn, ein Privatfahrer, ging mit einer Excelsior an den Start. Der Sieg fiel an Hepburn und Harley-Davidson. Bereits kurz darauf zog sich Harley-Davidson ebenfalls von der Rennszenerie zurück, wenn auch nur für einen begrenzten Zeitraum. Die berüchtigten Board-Track-Rennen lockten zwar nicht mehr die gewaltigen Massen früherer Jahre in die Holzparkettareale, genossen aber noch über einige Jahre hinweg eine gewisse Popularität. Noch immer gab es genug risikobereite Fahrer, deren Todesmut von Veranstaltern und Zuschauern gleichermaßen ausgenutzt wurde. Mittlerweile dienten aber nicht nur die Fahrer, sondern auch allerlei andere Attraktionen als Publikumsmagneten. So gingen Prostituierte auf den Zuschauerrängen unver-

Unten: *Die Big Chief des Jahres 1924 übernahm zahlreiche Teile von der Powerplus, so wie beispielsweise die aus einem Stück gegossenen Zylinder/Zylinderkopf-Einheiten. Dieses Exemplar befindet sich im Besitz von Donald Haras.*

Oben: *Zu den interessantesten Memorabilia rund um die Motorräder aus Springfield zählt sicherlich dieser Taschenkalender aus dem Jahre 1924, außen und innen veredelt durch das Indian-Emblem.*

hohlen ihrer Tätigkeit nach, blühte illegales Wettgeschäft auf und wurde verbotener Schnaps feilgeboten. Angesichts dieser Entwicklung erscheint es allzu verständlich, daß die todesschwangere Atmosphäre der Rennen und die Jahrmarktstimmung rund um die Veranstaltungen der ideale Nährboden für ein zügelloses Ambiente in den jeweiligen Austragungsorten war. In Chicago soll einst eine Gruppe von Rennfahrern ihre gesamte Barschaft zusammengelegt und für die drei Tage vor dem Rennen im Riverview Park Motordrome ein ganzes Bordell angemietet haben. Aus heutiger Sicht dürften gerade die Gefährlichkeit und die hohe Unfallrate der damaligen Holzpistenrennen sich schädlich auf das gesamte Motorradimage und in Folge auch auf die Verkaufszahlen ausgewirkt haben, unterstützt durch ablehnend gestimmte Presseberichte, die die „Motordromes" immer stärker als „Murderdromes" in ein dubioses Licht rückten.

Indian setzte nach wie vor auf Motorradrennen als Werbeträger, mußte aber einsehen, daß die erwartete Publikumsresonanz durch die Rennabstinenz von Harley-Davidson und Excelsior erheblich geschmälert wurde. Entsprechend floß immer weniger Geld in derlei Aktivitäten, so daß der Board-Track-Sport schließlich rapide an Bedeutung verlor. Die Leitung sämtlicher Renneinsätze während dieser Zeit hatte Charles Gustafson Jr. inne. Albert „Shrimp" Burns starb während eines Rennens in Toledo, Ohio, Charles „Fearless" Balke in Hawthorne, Chicago, und Paul Bower, dessen junges Alter ihm noch keinen Spitznamen beschert hatte, später ebenfalls in Toledo, Ohio. Hillclimb-Wettbewerbe erregten zunehmend das Publikumsinteresse, und einige Fahrer errangen auf Indian sogar mehrere Langstreckenrekorde. Cannonball Baker fuhr dabei eine Indian Scout in 179 Stunden und 28 Minuten von New York City nach Los Angeles. Während der 3368 gefahrenen Meilen (5420 km) verbrauchte die Maschine insgesamt 40 Gallonen Benzin (ca. 180 Liter) und 5 Gallonen Motoröl (ca 23 Liter), die Durchschnittsgeschwindigkeit lag bei 20 mph (ca. 32 km/h). Die in Wichita im Bundesstaat Kansas abgehaltene National 300 des Jahres 1923 gewann M.K. „Curly" Fredericks auf einer 61 cu.in.-Indian, während in Übersee Freddy Dixon auf der TT der Isle of Man mit einer seitengesteuerten Spezial-500er als Dritter durchs Ziel ging. Dieser Renneinsatz war gleichzeitig auch Indians letzter Auftritt bei der TT. Auf derselben Maschine gewann Dixon einige Zeit später den Grand Prix von Belgien.

Düstere Aussichten verdunkelten die Perspektiven des Springfielder Unternehmens für das Jahr 1922. Stetig sinkende Verkaufszahlen brachten die Geschäftsleitung in die prekäre Situation, im Vorfeld nicht genau das benötigte Produktionsvolumen bestimmen zu können. Zudem befanden sich aufgrund früherer Markteinschätzungen die Lager über die Maßen gefüllt mit Rohmaterialien und Einzelteilen. Die finanzielle Lage des Unternehmens ließ die Banken hellhörig werden, so daß Generaldirektor Frank Weschler die drohenden Schwierigkeiten schleunigst abwenden mußte. Personelle Unstimmigkeiten zwischen altgedienten und neuen Mitgliedern der Geschäftsleitung sowie arbeitstechnische Probleme behinderten seine intervenierenden Bemühungen. Obwohl die Absatzzahlen von Indian-Motorrädern auf dem heimischen Markt unaufhörlich sanken, blieb als einziger Hoffnungsschimmer die unverändert starke Nachfrage aus dem Ausland, insbesondere aus Australasien und Südafrika, wohin mittlerweile die Hälfte der gesamten Produktion verkauft wurde. Trotz dieser passablen Aussichten entpuppte sich das Jahr 1922 mit einem Defizit von 1,25 Millionen Dollar als herber Rückschlag für das Unternehmen. Letztendlich aber zahlten sich Weschlers Anstrengungen aus, konnte 1923 doch mit einem kleinen Gewinn abgeschlossen und die Auslandsnachfrage aufrechterhalten werden. Vorteilhaft entwickelte sich auch die Situation in den südamerikanischen Ländern, die zu einem wichtigen Absatzmarkt avancierten.

Der Wiederaufschwung veranlaßte das Direktorium daraufhin zu einer Neustrukturierung und Umbenennung des Unternehmens, das seine Geschäfte nun als „The Indian Motocycle Company" fortsetzte. (Es wird vermutet, daß man das „r" entfallen ließ, um urheber- und patentrechtlichen Problemen aus dem Wege zu gehen.) Im Zuge der Neuordnung ging Indian schließlich als Aktiengesellschaft an die New Yorker Börse, den Wall Street Stock Exchange. 1924 bedeutete für die USA zwar einen leichten wirtschaftlichen Aufschwung, doch änderte dies wenig am weiteren Verfall des heimischen Motorradmarkts. Henderson fertigte die Four in geringeren Stückzahlen, Ace steckte in ernsten finanziellen Schwierigkeiten und Excelsior hatte bereits die gesamte Produktion heruntergefahren. Hauptgrund für diese Misere waren allerdings nicht der schlechte

Rechts: *Diese Big Chief befindet sich im Besitz von Mark Johnson und datiert aus dem Jahre 1926. Der V-Twin (links) schöpft seine Kraft aus 74 cu.in. (1200 ccm). Aus der Powerplus entwickelt, erstreckte sich die Bauzeit dieser Modellreihe von 1923 bis 1927. Abnehmbare Zylinderköpfe und ein neuer Benzintank wurden sukzessiv als Neuerungen eingeführt.*

Ruf der Motorradrennszene oder die wollüstigen Umtriebe rund um die Rennpisten, sondern das massenproduzierte, und deshalb billige Automobil. So kostete ein Ford Model T mittlerweile weniger als ein Motorrad mit Seitenwagen. Der Verkauf von Maschinen an Polizei- und andere Vollstreckungsbehörden sowie der Export in die ausländischen Märkte nahmen für Indian auch weiterhin eine wichtige Stellung ein, wurden aber im Zuge der wirtschaftlichen Entwicklung zusehends untergraben. Ein weiterer harter Rückschlag kam 1925, als in Großbritannien Winston Churchill, damals Finanzminister unter der konservativen Regierung von Premierminister Stanley Baldwin, auf alle importierten Motorräder eine Zollabgabe von 33 Prozent erhob. Damit schossen die Verkaufspreise für amerikanische Motorräder derart in die Höhe, daß sie schlagartig aus dem Wettbewerbsrahmen fielen. Billy Wells, seit 16 Jahren britischer Indian-Importeur, sah sich daraufhin gezwungen, seine Tätigkeit einzustellen. Eine ähnliche Einfuhrsteuer ereilte 1929 auch die australasischen Märkte. Ausschlaggebend dafür war, daß sich die jeweiligen Regierungen gegen billige Lebensmittelimporte aus Amerika schützen wollten, und deshalb gleich sämtliche Einfuhren aus den USA mit hohen Zöllen belegten. Bereits einige Wochen später kam der Export von Indian-Motorrädern in diese Regionen vollständig zum Erliegen. Südafrika und Südamerika allerdings blieben für Indian nach wie vor bedeutsame Absatzmärkte.

Wie einfacher manches in den zwanziger Jahren doch war, zeigt eindrucksvoll die siegverwöhnte Karriere von Joe Petrali, der für kurze Zeit Rennen für Indian fuhr, bald darauf aber zu einem von Harley-Davidsons Starfahrern aufstieg und für die Milwaukeer sogar den National Championship des Jahres 1925 gewann. Geboren 1904 in San Francisco, Kalifornien, wurde sein Interesse für Motorräder bereits in jüngsten Jahren geweckt. Sein allererstes Motorrad, eine riemengetriebene Flanders, erwarb er im Alter von 12 Jahren, seinen zweiten Untersatz, eine gebrauchte Indian, kaufte er 1920 bei Jud Carriker, einem Indian-Händler aus dem kalifornischen Santa Ana. Mit dieser Maschine trat er auf dem Board-Track von Fresno, Kalifornien, gegen das übermächtige Harley-Davidson-Team an. Seine Gegner versuchten zwar massiv, ihn zu abzudrängen, aber schließlich ging er doch noch als Zweiter durchs Ziel. Sein wagemutiger Einsatz bescherte ihm einen Startplatz in einem weiteren großen Rennen, diesmal im Sattel einer geborgten Harley. Er gewann nicht nur das Rennen, sondern auch eine Anstellung als Werksfahrer bei Harley-Davidson. Kurze Zeit später zogen sich die Milwaukeer für einige Zeit aus dem Motorsport zurück, und Petrali wechselte zu Excelsior. Bei Qualifikationsläufen in Altoona, Philadelphia, brach er auf einer Excelsior drei bestehende Geschwindigkeitsrekorde. Das sich am 9. Juli 1926 anschließende Hauptrennen über 20 Meilen gewann er ebenfalls. Als sich Excelsior schließlich von der Rennszene verabschiedete, kehrte Petrali in das wiederbelebte Werksteam von Harley-Davidson zurück, wo er die Depressionsjahre hindurch blieb. 1936 gelang es ihm, auf einer obengesteuerten Knucklehead-Harley einen neuen Geschwindigkeitsrekord aufzustellen, diesmal in Daytona Beach. Den auf einer Indian gehaltenen Rekord überbot Petrali mit 136,183 mph (219,118 km/h), einem Wert, der nicht nur in den USA Rekordlorbeeren erntete, sondern auch weltweit in der Klasse für Motorräder mit nicht aufgeladenen Motoren eine neue Marke setzte. Nach seinem Rücktritt vom aktiven Rennsport arbeitete Petrali eine Zeitlang bei den Automobilrennen in Indianapolis und anschließend für den exzentrischen Industriemagnaten Howard Hughes. Gemeinsam mit seinem neuen Arbeitgeber nahm Petrali im kalifornischen Long Beach teil am ersten und einzigen Testflug von Hughes' geräumigem, aber schwerfälligem Flugboot, der Spruce Goose.

Im September 1926 gelang es Johnny Seymour, auf dem Rennoval des Syracuse Fairground im Staate New York vier Weltrekorde aufzustellen und drei nationale Meisterschaften zu gewinnen. Auf seiner speziell aufbereiteten Indian mit 30.50 cu.in.-Aggregat (500 ccm) schlug er auch den großen Joe Petrali. Im weiteren Verlauf desselben Monats brach er in Michigan drei weitere Rekorde. Diese Renner-

Indian
NH 1 94
26777
MOTORCYCLE

Indian
SCOUT
49

1926
Indian
SCOUT
BUTCH
BAER
49
Ontario

folge stärkten zum einen Indians Ruf, zum anderen trieben sie die Verkaufszahlen in die Höhe, was die Springfielder das Jahr 1925 mit dementsprechend gesunden Profiten abschließen ließ. Im Frühjahr 1926 setzte Seymour in Daytona Beach, Florida, zwei weitere Rekordmarken. Den Rekord über 115 mph (ca. 185 km/h), errungen mit einem 500-ccm-Einzylindertriebwerk (30.50 cu.in.), und den Rekord über 132 mph (ca. 212 km/h), errungen mit einem Zweizylinderaggregat, fuhr Seymour mit ein und derselben Maschine ein, wobei die Motoren zwischen den einzelnen Rekordversuchen rasch ausgetauscht wurden. Zehn Jahre später allerdings sollte der Zweizylinder-Rekord durch Joe Petrali auf einer Knucklehead-Harley gebrochen werden. Gegen Ende der zwanziger Jahre gebar ein Privatmann für die Scout einen leistungsgesteigerten Motor, der durch erhöhten Hub eine Hubraumsteigerung ermöglichte und in diesem Zuge auch für eine höhere Spitzengeschwindigkeit sorgte. Diese Maßnahme erforderte den sorgfältigen Aufbau eines Scout-Triebwerks mit dem Kurbeltrieb der Chief.

Links: *Die 1926er Scout von Butch Baer beim AHRMA in Daytona, Florida, in voller Aktion (oben) und im Fahrerlager (unten).*
Unten: *Die Scout in Serienausführung weist deutliche Unterschiede zur Rennversion auf. Als Nachfolgemodell kam 1928 die 101 Scout auf den Markt.*

Der Kurbelwellendurchmesser war zwar zu groß, doch durch eine Verkleinerung der Ausgleichsgewichte ließ sich die Welle in das Kurbelgehäuse der Scout einpassen. Über den vergrößerten Hub und den Einsatz spezieller Kolben ergab sich ein Hubraum von 57 cu.in. (935 ccm) in Verbindung mit einer beeindruckenden Steigerung in Bezug auf Leistung, Beschleunigung und Höchstgeschwindigkeit. Derart modifizierte Scouts erwiesen sich als potente Berg- und Straßenrennmaschinen, die in der Regel von Privatfahrern gefahren wurden. Die Spezialkolben waren aufgrund ihrer kurzen Kolbenhemden, und deshalb auch verstärkten Kippneigung, einem übermäßig hohen Verschleiß ausgesetzt und mußten häufig ausgetauscht werden. Die Seitenventilkonstruktion erleichterte den Tausch jedoch ungemein. Die von Excelsior, Indian und Harley-Davidson entwickelten Maschinen mit 45 cu.in.-Triebwerken (740 ccm) brachten schließlich die American Motorcyclist Association dazu, speziell für sie eine neue Wettbewerbsklasse einzuführen, die „Class C".

1925 präsentierte Indian mit der Model L Prince ein leichtgewichtiges Einzylindermodell mit kleinem Hubraum und kleinem Preis. Verkauft wurde die 21.25 cu.in.-Maschine (348 ccm) für 185 Dollar. Man glaubte aufgrund von zahlreichen Anfragen zwar, einen entsprechenden Markt dafür aufbauen zu können, doch richtige Bedeutung sollte dieses Marktsegment erst nach dem zweiten Weltkrieg erlangen. 1926 unterzog man die Prince einer grundlegenden stilistischen Überarbeitung, um sie in ihrer Optik an die größeren Scout und Chief anzulehnen. Große Hoffnungen setzte Indian auf die Verkaufschancen in Großbritannien, die jedoch durch die neu eingeführten Importzölle schnell zunichte gemacht wurden. Über die Jahre geringfügig modifiziert, blieb die Prince bis 1928 in Produktion.

1923 wurde Frank Weschler zum Präsidenten des Unternehmens ernannt und gleichzeitig in das Direktorium berufen. Wechsler genoß ein hohes Maß an Popularität, so daß dieser Schritt die Stimmung im Unternehmen natürlich positiv beeinflußte. Unter Weschlers Ägide erwarb Indian im Dezember 1926 die Ace Company, Hersteller eines von Henderson entwickelten Vierzylindermodells. Die ersten von Indian angebotenen Vierzylinder waren im Prinzip Ace Fours, in Indian-Rot lackiert und auf dem Tank mit Indian- und Ace-Emblemen versehen. Wichtigste Neuerung in der Angebotspalette Mitte der Zwanziger dürfte aber die 101 Scout gewesen sein. 1920 präsentiert, spendierte man ihr für 1926 neue Schutzbleche und für 1927 eine vollständige Überarbeitung. Hierfür senkte Charles Franklin das Sitzrohr sowie den Rahmenoberzug zugunsten einer Sitzhöhe von nun 26 in. (660 mm) ab und verlängerte den Radstand auf knapp über 57 in. (1448 mm). Die Vorderradgabel behielt er in ihrer Konstruktion bei, stimmte jedoch die Geometrie von Vorder- und Heckpartie für eine

verbesserte Handlichkeit neu ab. Der geänderte Rahmen machte einen entsprechend gestalteten Kraftstofftank notwendig, während das Motorgehäuse im Bereich der Rahmenaufhängung verstärkt wurde. Die neue Maschine firmierte als 101 Scout und ging als das wohl bekannteste Modell in die Geschichte der Marke Indian ein. Handlichkeit und Leistungsfähigkeit der 101 erwarben sich einen legendären Ruf. Der mit einem Zylinderwinkel von 42° aufgebaute seitengesteuerte V-Twin verfügte über einen Hubraum von 45 cu.in. (740 ccm), erhalten aus einem Bohrung/Hub-Verhältnis von 2.875 zu 3.5 in. (73,0/88,9 mm). Die Leistung betrug geschätzt 18 PS, die Höchstgeschwindigkeit in Serienspezifikation lag bei über 110 km/h. In Rennausführung mit optimierten Ventilen und scharfen Nockenwellen ließen sich ohne weiteres 160 km/h und mehr erzielen. Als Kraftübertragung fungierte nach wie vor ein Dreiganggetriebe, und mit einem Gewicht von 370 lb (ca. 168 kg) verbrauchte die 101 nur knapp über 5,5 Liter. Eine 37 cu.in.-Version (600 ccm) richtete sich insbesondere an wirtschaftlicher denkende Kunden. Die 101 erreichte eine so große Popularität, daß nicht nur Rennsportaspiranten und andere begeisterte Motorradfahrer in ihren Sattel stiegen, sondern auch das berühmte Fahrgeschäft „Wall of Death“ sich ihrer bediente.

Links und rechts: *Die 1925 eingeführte Indian Prince richtete sich als leichtgewichtiges Einzylindermodell in erster Linie an jüngere und frischgebackene Motorradfahrer. Das 21.25 cu.in.-Triebwerk (348 ccm) verhalf der Prince zu Geschwindigkeiten von bis zu 80 km/h. Dieses Exemplar entstand 1926 und wurde restauriert von Pete Bollenbach aus East Dundee, Illinois.*

Frank Weschler war es leider nicht vergönnt, den Verkaufsstart der 101 Scout in seiner Position als Präsident des Unternehmens mitzuerleben. Die während seiner Amtszeit angesammelten Überschüsse wollte das Direktorium für spekulative Geschäfte nutzen, und in diesem Zuge entschloß man sich, eine neue Firma zu gründen, deren eigentliche Aufgabe im Kauf von Aktien anderer Industrieunternehmen liegen sollte. Weschler lehnte aufgrund seiner Loyalität zu Indian und angesichts der Notwendigkeit neuer Produktionsmaschinen eine derartige Firmenpolitik strikt ab. Er wurde überstimmt, worauf er am 27. August 1927 seinen Rücktritt einreichte. 1935 starb Weschler bereits im jungen Alter von 56 Jahren. Seinen Posten übernahm der Industrielle Louis J. Bauer, der gemeinsam mit zwei anderen Aktionären die Aktienmehrheit des Unternehmens hielt. Bauer verhalf seinem Sohn Jack, einem graduierten Ingenieur, zu einer Führungsposition in der Kon-

Unten: *Die ersten Indian Four firmierten als Indian Ace, da Indian 1927 die Konkursmasse der von den Brüdern Henderson geführten Ace Motorcycle Company aufgekauft hatte.*

struktionsabteilung, und gemeinsam setzten sie nicht nur die Fertigung von Motorrädern fort, sondern verlagerten ihre Kapazitäten auch in andere Bereiche. So gehörten zu den neuen Produkten ebenfalls leicht gebaute Automobile, angetrieben vom 74 cu.in.-V-Twin (1200 ccm) der Indian Chief, und später auch mit einem Patent ausgezeichnete Stoßdämpfer für den Automobilsektor. Leider erwiesen sich beide Produktlinien als wenig erfolgreich und verschlangen zudem beträchtliches Firmenkapital. Vor diesem Hintergrund und angesichts eines zunehmenden Desinteresses seitens der Firmenleitung kündigten zahlreiche Händler ihre Konzession. Die 101 Scout hingegen blieb von all diesen Dingen unberührt, sie verkaufte sich weiterhin hervorragend.

Während dieser Jahre hatte die amerikanische Wirtschaft stark mit einer Überproduktion in der Landwirtschaft zu kämpfen, was den Kongress veranlaßte, gesetzgebend in den Mißstand einzugreifen. Die entsprechende Gesetzesvorlage, bekannt auch als „McNary-Haugen Farm Bill", erfreute sich rasch befürwortender Stimmen und wurde vom Senat sowie auch vom Repräsentantenhaus verabschiedet. Präsident Coolidge allerdings, der eine Einmischung der Regierung in Wirtschaftsangelegenheiten ablehnte, legte in drei aufeinanderfolgenden Jahren gegen die Gesetzesdurchführung sein Veto ein. Erst der 1929 neu in das Präsidentenamt gewählte Herbert Hoover ließ das Gesetz zu, das daraufhin in zahlreichen Indian-Exportmärkten hohe Schutzzölle nach sich zog. Indians finanzielle Lage glich von einem Tag zum anderen einem Scherbenhaufen, so daß Generaldirektor Bauer am 7. Juni des Jahres 1929 seinen Rücktritt erklärte. Nachfolgende Direktorien versuchten daraufhin ihr Glück im Bereich von Luft- und Seefahrtantrieben. Bauers Nachfolger war J. Russell Waite, dessen Politik, Motorräder nur gegen Vorkasse auszuliefern, etliche Händler ihre Markenvertretung für Indian aufkündigen ließ. Ausschlaggebend dürfte dabei wohl auch die Tatsache gewesen sein, daß in Springfield die Endkontrolle der fertiggestellten Maschinen mittlerweile ein mangelhaftes Niveau erreicht hatte.

Im Jahre 1930 ging das Unternehmen in den Besitz von E. Paul Du Pont über, dessen Interesse sowohl dem Bereich Luftfahrt als auch dem Bereich Motorräder galt. Der geschichtsträchtige Zusammenbruch der New Yorker Börse am 24. Oktober 1929 beendete nicht nur Indians Engagement im Flugzeugbau, sondern legte auch den Grundstein für die bis weit in die dreißiger Jahre hineinreichende Große Depression.

Rechts: *Die erste Indian Ace entpuppte sich als Ace mit kleineren Raddurchmessern und „Indian"-Schriftzug auf dem Tank. In das Modelljahr 1929 ging sie als Model 402 mit Indians Blattfedergabel und Vorderradbremse.*

dian
ACE

Indian
SCOUT

Unten: *Der V-Twin der Indian Scout zählt zu Charles Franklins besten Motorkonstruktionen und verhalf der Scout zu einem überaus guten Ruf.*
Links: *Roger Long ist stolzer Besitzer dieses 101 Scout-Gespanns aus dem Jahre 1928, das 1941 von seinem Vater aus erster Hand erworben und kürzlich von Roger restauriert wurde.*

Indian
SCOUT

1931 101 Scout

Die 101 Scout feierte ihr Debüt im Jahre 1928 und fand begeisterte Aufnahme beim Publikum. Viele Indian-Händler und -Kunden hielten die 101 damals für das beste jemals gebaute Motorrad. Bis Ende 1931 blieb dieses Modell im Programm. 1931 ist auch das Entstehungsjahr dieses im Besitz von Ian Campbell befindlichen Exemplars. Im Prinzip handelte es sich bei der 101 um eine überarbeitete Scout. Den Radstand hatte man verlängert, die Sitzhöhe verringert, während der Rahmen zugunsten einer gefälligeren Optik modifiziert und mit einem kleineren Tank versehen war. Gerade durch den längeren Radstand erwarb sich die 101 Scout ihren legendären Ruf als überaus fahrstabiles Motorrad.

Spezifikation

Modell
101 Scout
Baujahr
1931
Bohrung x Hub
73,0 x 88,9 mm
Hubraum
45 cu.in. (733 ccm)
Leistung
20 PS (geschätzt)
Ventiltrieb
seitengesteuert
Höchstgeschwindigkeit
112 km/h
Benzinverbrauch
5,6 l/100km (geschätzt)
Getriebe
Dreiganggetriebe
Schaltung
per Hand
Radstand
1448 mm
Raddurchmesser
18 Zoll
Rahmentyp
Starrahmen
Vorderradgabel
Blattfederschwinge
Gewicht
168 kg

Indian
SCOUT

1931–1941

Tage des Ruhms

Die 101 Scout repräsentierte zur damaligen Zeit für viele Indian-Fahrer die wohl beste Modellreihe, die das Springfielder Unternehmen je lanciert hatte. Ihre Produktionseinstellung im Jahre 1931 löste daher bei Kunden und Händlern gleichermaßen eine Welle der Wehmut aus. In die Saison 1932 schickte Indian dafür eine neue Scout, angetrieben von einem 45 Kubikzöller (740 ccm) im Fahrgestell der Chief. Im Spätjahr 1932 erweiterte man die Modellpalette um die Scout Pony. Bei dieser zweiten Neuheit handelte es sich im Prinzip um eine kleinvolumigere Scout, ausgerüstet mit einem 30.50 cu.in.-V-Twin (500 ccm). Teile des Einzylindermodells Prince komplettierten die kleine Scout. Verkauft wurde sie für $ 225, was sie nicht nur zum preiswertesten V-Twin auf dem nordamerikanischen Markt machte, sondern ihr in der Zeit der Großen Depression auch verhältnismäßig gute Verkaufschancen einräumte. Die neue Scout entsprach in ihren Fahreigenschaften allerdings nicht der legendären 101, so daß einige Händler enttäuscht ihre Konzession aufkündigten. Indian hingegen stand diesem Modell sehr positiv gegenüber, reduzierte sein Konstruktionsaufbau doch die Gesamtzahl der zu produzierenden Einzelkomponenten. In Zeit wirtschaftlicher Not war eine kosteneffektive Produktion nach dem Baukastenprinzip allerdings auch unumgänglich.

Das Modelljahr 1933 beging Indian mit einer Reihe von Modifikationen im Triebwerksbereich, von denen bei den Zweizylindern die wohl bedeutendste Neuerung der Wechsel zur Trockensumpfschmierung war. Bei diesem Druck-

Unten und links: *Alan Forbes' Scout datiert aus dem Jahre 1931, dem letzten Modelljahr der 101 Scout. Angetrieben wurde sie von einem 45 cu.in.-V-Twin (740 ccm).*

umlaufprinzip wurde das Motoröl wieder in den Öltank zurückgepumpt, was bedeutete, daß der Fahrer den Ölbedarf je nach Belastung nicht mehr von Hand nachregulieren mußte. Der Ölverbrauch reduzierte sich auf diese Weise auf ein Minimum. Unter der Bezeichnung „Motoplane" führte man 1933 eine 740-ccm-Version der Scout Pony ein, wobei allerdings das Fahrgestell nicht der erhöhten Motorleistung gewachsen war. Noch bevor 1000 Exemplare Springfield verlassen hatten, stellte man diese Baureihe wieder ein. Erst das Jahr 1934 sollte der um die 101 Scout trauernden Indian-Gemeinde eine wirkliche Nachfolgerin bescheren.

Die neue Maschine hieß sehr zutreffend Sport Scout und wurde beflügelt von einem seitengesteuerten 45.44 cu.in.-V-Twin (747 ccm). Eine Spulenzündung gehörte zur Serienausstattung, wenngleich eine aufpreispflichtige Magnetzündung ebenfalls geliefert werden konnte. Die Lichtmaschine saß vor dem Rahmenfrontrohr, während der Zündmagnet an einer Halterung hinten über dem Getriebe plaziert war. Angetrieben wurde der Magnet über einen von der Primärkette abgenommenen Kettentrieb. Sehr populär bei Rennmaschinen, erwies sich diese Konfiguration bei Serienmodellen, die insbesondere auf langen Strecken eingesetzt wurden, als sehr anfällig, da die Kettenschmierung nur unzureichend gewährleistet werden konnte. Unpräziser Zündzeitpunkt war bei zunehmendem Kettenverschleiß die unausbleibliche Folge. Die Kraftübertragung erfolgte mittels eines Dreiganggetriebes mit Handschaltung und Fußkupplung. Eine Trapezgabel und ein unten offener, teilweise geschraubter Rahmen, von Indian auch als „keystone frame" bezeichnet, in Kombination mit 18-Zoll-Rädern waren neben dem V-Twin die Hauptmerkmale der Sport Scout. Dank ihres kurzen Radstands von 56,5 Zoll (1435 mm) wirkte die Maschine ästhetisch sehr gelungen, viele amerikanische Motorradfahrer sagten ihr sogar europäische Züge nach. Schon sehr bald und auf allen Rennpisten des Landes sollte sich die Sport Scout als ernsthafte Konkurrentin der 45-Kubikzöller aus dem Hause Harley-Davidson etablieren. Schrittweise modifiziert, blieb die Sport Scout bis zu Beginn des zweiten Weltkriegs, der die Unternehmensgeschichte noch entscheidend prägen sollte, im Programm. Sämtliche für Indian in der zweiten Hälfte der dreißiger Jahre eingefahrenen Siege in der Class C gingen auf das Konto der Sport Scout. So fuhr beispielsweise Rollie Free auf einer 1938er Sport Scout in Daytona Beach einen neuen Geschwindigkeitsrekord. Darüber hinaus präparierte Free aber auch in leistungssteigernder Weise die Sport Scouts solch namhafter Rennfahrer wie „Ironman" Ed Kretz. Ein serienbelassenes Modell brachte es auf knappe 130 km/h, während eine bearbeitete Rennmaschine über 160 km/h lief. Viele der in Flattrack-Rennen eingesetzten Sport Scouts rüstete man mit dem kleineren Tank der Junior Scout aus, in den nicht nur genau die für ein Rennen benötigte Menge Benzin hineinging, sondern der auch für eine unverwechselbar rennmäßige Optik sorgte. Die Faszination der Sport Scout resümierte Indian-Kenner Jerry Hatfield in *The Illustrated Indian Motorcycle Buyers* mit den Worten:

> „The motor says let's go on with it and you begin to get the racer feel. You close your eyes to see more clearly. This is the 1938 Springfield mile and you're the world's greatest flat-tracker about to defeat the Harley gang. Eyes open again. In gear and away."

Spiegelhof, Kelly, Hill, James, Hillbish, Chasteen, Rodenburg und Kretz waren jene Männer, die der „Harley gang" der dreißiger Jahre die Podiumsplätze abtrotzten. Und wenn sie einmal nicht den Sieg davontrugen, so lieferten sie den Harley-Piloten zumindest heiße Wettkämpfe.

Neben der Sport Scout umfaßte die Angebotspalette auch die bisherige Scout, 1936 allerdings umgetauft auf den Namen „Scout 45". Das dreirädrige Lieferfahrzeug, der sogenannte Dispatch-tow, erhielt eine niedriger komprimierte Variante des Sport-Scout-Triebwerks, während die Chief nach wie vor die Hubraumspitze des Indian-Programms bildete. Wie die anderen Modelle erfuhr auch sie über die Jahre modellpflegende Maßnahmen. 1922 eingeführt, spendierte man ihr 1932 eine längere Vorderradgabel und einen neuen Tank, was der Maschine insgesamt zu einer höheren Gürtellinie verhalf, zumal das Rahmenoberrohr jetzt entlang der Tankunterseite geführt war. Die anfängliche Verlustschmierung des Motors ersetzte man für 1933 durch die modernere Trockensumpfschmierung. Auf der Weltausstellung des Jahres 1939 wagte Indian den Schritt zu mehr Chrom und extravaganten Lackierungen, wobei hier deutlich der Einfluß des neuen Eigners Du Pont zu spüren war. Die ausladenden Kotflügel, heute unverwechselbares Erkennungsmerkmal der Chief, führte man allerdings erst 1940 ein. Dieses Stilelement erhielten parallel dazu auch sämtliche Scout-Modelle.

Der Grundstein für die berühmten Vierzylindermodelle von Indian wurde während der Großen Depression gelegt. 1927 erwarb Indian Rechte und Produktionsmittel für den Ace-Vierzylinder. Zwei Brüder, die Schotten Tom und Will Henderson, hatten als Hersteller von Motorrädern begonnen. Triebwerksseitig setzten sie gänzlich auf Reihenvierzylinder. Als Markenbezeichnung diente der eigene Familienname, doch bald schon verkauften die Brüder das Unternehmen an Ignatz Schwinn, bekannt als Hersteller von Fahrrädern und Eigner von Excelsior. Die Hendersons arbeiteten eine Zeitlang für Schwinn, verließen ihren Arbeitgeber jedoch und gründeten erneut ein eigenes Unternehmen. Unter dem neuen Namen „Ace" führte man die

Rechts: *Dieses dreirädrige Lieferfahrzeug, offiziell „Dispatch-tow" genannt, bot Indian ab 1931 an. Restauriert wurde dieses Exemplar von Alan Forbes.*

Indian
Indian

Vierzylinderproduktion fort, doch als Will Henderson 1922 bei einem Unfall ums Leben kam, entglitt das Firmenglück. Mehrere Male wechselte das Unternehmen den Besitzer, bis als Käufer schließlich Indian auf den Plan trat. Als Ergänzung zu den großen V-Twins paßten die Vierzylindermodelle hervorragend ins Konzept. Großartige Veränderungen ließ Indian den Ace Four anfänglich jedoch nicht angedeihen, man lackierte die Maschinen lediglich in Indian-Rot und führte sie unter dem Modellnamen „Indian Ace" in den Markt ein. Das Jahr 1929 brachte weitere Neuerungen und eine neue Modellbezeichnung, „Indian Four Model 401". Nachfolgerin wurde die Model 402, ausgestattet mit einem 77.21 cu.in.-Triebwerk (1265 ccm) und fünffach gelagerter Kurbelwelle. Bis ins letzte Modelljahr 1942 wurde das Antriebsaggregat der Four einer stetigen Modellpflege unterzogen, wobei der 1936 vorgenommene Wechsel von inlet-over-exhaust- zu exhaust-over-inlet-Ventilkonfiguration auf breite Ablehnung stieß. Das Modelljahr 1937 wurde noch mit der in Motorradkreisen abfällig „upside-down"-Indian getauften Four begangen, doch bereits im folgenden Jahr feierte die altbewährte Ventilanordnung ihre Rückkehr, modifiziert mit gekapseltem Ventiltrieb und selbsttätiger Ventilschmierung. Die vergleichsweise teuren Four-Modelle stießen vor allem bei Regierungsbehörden auf Interesse, und so ging die letzte Produktionscharge vor Eintritt in den zweiten Weltkrieg dementsprechend auch an eine behördliche Institution.

Oben: *Das Bild zeigt eine Model 438. Die Bezeichnung steht für Motortyp und Baujahr, also Four und 1938.* **Rechts:** *Die Unterschiede der Model 438 gegenüber früheren Modelljahren sind eher stilistischer Natur. Hier zu sehen die 1931er Four von Alan Forbes (oben) und die 1934er Four von Jim Smith (unten).*

Die jährlich stattfindenden Geschwindigkeitswettbewerbe, offiziell abgesegnet von der American Motorcyclist Association (AMA) und abgehalten vom LA 45 Club am Muroc Dry Lake in Kalifornien, wurden 1936 am 6. April, einem Sonntag, ausgetragen. Fred Ludlow gewann auf einer 1936er Sport Scout mit 128,57 mph (206,87 km/h) die 45 cu.in.-Seitenventilerklasse (740 ccm), Al Chasteen auf einer 1935er Chief mit 125 mph (201,13 km/h) die 74 cu.in.-Seitenventilerklasse (1200 ccm). Im Gesamtergebnis zierte der Name „Indian" vier der ersten fünf Plätze. Den zweiten Platz belegte eine Crocker mit 126,76 mph (203,96 km/h). Al Crocker aus dem kalifornischen Los Angeles hatte in früheren Jahren als Indian-Händler gearbeitet, gab aber dann seine Konzession auf, um sich fortan unter eigenem Namen auf die Herstellung spezieller Wettbewerbsmaschinen zu konzentrieren.

Hap Jones war ein Mann außergewöhnlichen Charakters, dessen Engagement für das Motorrad sich typisch zeigte für den Motorradsport der dreißiger Jahre. Im jungen Alter von 17 Jahren machte er sich auf seiner 1919er Indian von seiner Heimatstadt Spokane, Washington, auf in die große Metropole San Francisco, wo er eine Arbeitsstelle als Motorradkurier annahm. Doch schon bald wechselte er als Mechaniker zu Dudley Perkins, seines Zeichens Konzessionär von Harley-Davidson. Hier begann Jones seine Rennfahrerkarriere, ebenso wie es einige seiner Arbeitskollegen bereits vor ihm getan hatten. Perkins selbst war ein bekannter Hillclimber. Hap Jones beteiligte sich zwar recht erfolgreich an einigen lokalen Langstreckenrennen, doch sein eigentliches Interesse galt Hillclimbing- und TT-Rennen. Die AMA definierte TT als Wettbewerb um einen Rundkurs, der im Unterschied zu Flat- und Dirt-Track allerdings mit Links- und Rechtskurven sowie mindestens einem Sprunghügel gespickt war. Die abgesteckten Rennpisten erwiesen sich für gewöhnlich als recht unwegsam, und so kann man diese Rennen in vielerlei Hinsicht als Vorläufer des heutigen Motocross ansehen. Während der dreißiger Jahre bereiste Jones den gesamten Westen der USA, um auf seiner Harley-Davidson JD an nationalen AMA-Veranstaltungen teilzunehmen. Es ist überliefert, daß er auf seiner alten JD den Werksfahrern von Harley-Davidson, die ja auf moderneren VL unterwegs waren, nur allzu oft auf die Plätze verwies. 1936 gewann Hap Jones zwei Rennen, bei einem weiteren Rennen im texanischen Waco ging er als Zweiter durchs Ziel. Seine Erfolge belohnte man mit dem „Miniature TT Championship". 1938 reiste er mit seiner Indian Scout nach Wichita, Kansas, wo er am Midwestern

Indian 4
FS 835

Indian 4

Championship teilnahm. Seinen Einsatz krönte er mit Siegen im Zeitfahren und im TT-Wettbewerb. Vier Jahre später stand ein Rennen in Daytona, Florida, auf dem Programm, für das Jones bereits die Zusage erhalten hatte. Der Eintritt der USA in den Zweiten Weltkrieg kurz nach der Bombardierung von Pearl Harbour vereitelte jedoch nicht nur seine, sondern auch nahezu alle anderen Rennaktivitäten.

Die Finanzierung seines Motorsportengagements sicherte Hap Jones während der Weltwirtschaftskrise durch den Verkauf von Fahrrädern, später von Motorrädern. Er, seine Ehefrau und ein Mechaniker durchlebten sämtliche Höhen und Tiefen der Großen Depression. Zahlungskräftige Kunden waren nicht gerade an der Tagesordnung, und so erforderte ihre Tätigkeit des öfteren enorme Anstrengungen. 1934 nutzte Jones die Gelegenheit, den Ersatzteilbestand eines in Konkurs gegangenen Motorradhändlers auf-

Links und unten: *Die Chief des Jahres 1934 – hier zu sehen das Exemplar von Jim Smith aus New Jersey – wurde angetrieben von einem seitengesteuerten V-Twin mit 42° Zylinderwinkel. Die Schmierung erfolgte nach dem Trockensumpfprinzip, der Hubraum belief sich auf 73.62 cu.in. (1206 ccm).*

zukaufen. Die Geldreserven reichten nicht aus, worauf Jones der rettende Einfall kam, einfach durch Verschrottung der schwersten Teile den Rest zu finanzieren. Wie weit seine Begeisterung für das Motorrad ging, zeigt eine Feier, die er für Freunde und Kunden anläßlich seines Geburtstags gab, und die sich in ihrem Verlauf zu einer der größten Motorradveranstaltungen der California Bay Area mit Hillclimb- und anderen Wettbewerben entwickelte.

1936 übernahm Jones die Konzession für Indian-Motorräder in der Region San Francisco. Das Geschäft florierte, doch der zweite Weltkrieg setzte Jones' rennfahrerischer, aber auch beruflicher Tätigkeit enge Grenzen. Gesundheitsgründe verhinderten eine Einberufung, so daß Jones das Ladengeschäft während der Kriegsjahre weiterführen konnte. Im Jahr 1944 stellte das Militär die Versorgung der Truppen mit Motorrädern ein, da mittlerweile ein hoher Sättigungsgrad an Fahrzeugen erreicht war. Eine Ladung an 74 cu.in.-Indians kam deshalb nicht mehr zur Auslieferung. Jones kaufte das Kontingent mit Hilfe eines Darlehens von 45.000 Dollar auf, und bewies mit diesem mutigen Schritt genau den richtigen Geschäftssinn. Innerhalb von drei Wochen waren sämtliche Maschinen verkauft. In den Nachkriegsjahren dehnte Jones seinen Ersatzteilverkauf auf nationale Ebene aus und erweiterte, da Indian zunehmend an Bedeutung verlor, sein Motorradangebot um verschiedene importierte Motorradmarken. Einige Jahre später veräußerte er jedoch sein Ladengeschäft und betätigte sich fortan als Sponsor von Rennfahrern wie Dick Mann und Rennen wie dem San Jose Mile. Parallel dazu rief Jones einen privaten Rennstall ins Leben, dessen Fahrer er in Daytona auf Nortons an den Start gehen ließ.

Einer der berühmtesten Rennfahrer, die je für Indian fuhren, war zweifellos Ed Kretz, und eines der Rennen, die ihn so berühmt machten, war die allererste Ausgabe der 200 Meilen von Daytona, veranstaltet im Jahre 1937. Seine Karriere aber begann eigentlich viel früher. Ed Kretz wurde 1911 im kalifornischen San Diego als das jüngste von 11 Kindern eines Ehepaares schweizerisch-deutscher Abstammung geboren. Nachdem seine Eltern nach Pomona, ebenfalls im sonnigen Kalifornien, umgezogen waren, nahm er während der Wirtschaftskrise eine Arbeitsstelle als Fahrer

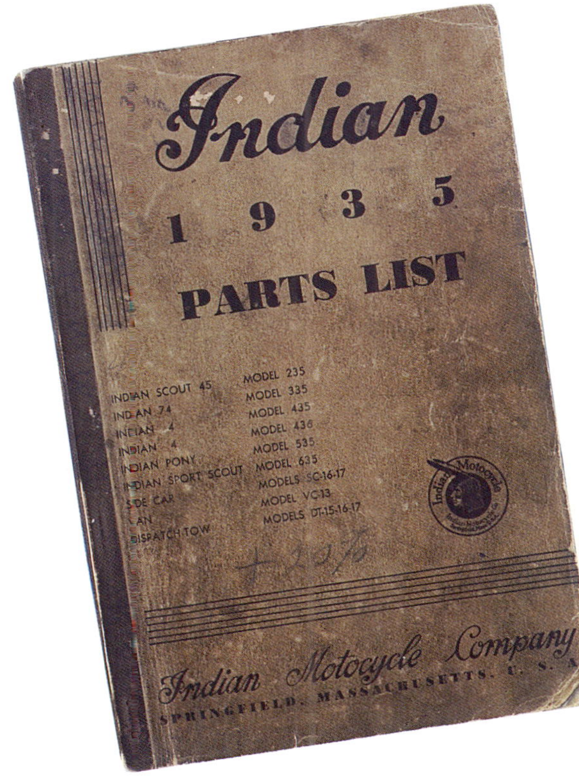

Oben: *Konzessionäre der Marke Indian führten ein umfangreiches Ersatzteillager, wie dieser Katalog aus dem Jahre 1933 erahnen läßt.*

Links: *Die Four, vorgestellt im Jahre 1928, erhielt für 1936 den sogenannten „upside-down"-Vierzylinder. Bei der Model 436 tauschten die Konstrukteure einfach die Anordnung von Einlaß- und Auslaßventilen.*

Zuschauerschar rund um die Rennpiste scharte. Auf der 1,5 Meilen (etwa 2,4 km) langen, in Ziegelstein gepflasterten Strecke war es wiederum eine Harley-Davidson, die unter ihrem Fahrer Bremen Sykes die Lorbeeren nach Milwaukee trug. Die zweite Plazierung ging allerdings an eine Indian, die ihr Pilot Jesse James mit weitem Abstand zu den nachfolgenden 30 Maschinen spektakulär ins Ziel brachte. 1935 zählte die Teilnehmerliste bereits 68 Namen, von denen sich Bill Carpenter auf einer Harley und Rody Rodenburg auf einer Sport Scout die meiste Zeit des Rennens an der Spitze abwechselten. Auf den letzten Metern der Schlußrunde gelang Rodenburg der entscheidende Vorstoß,

von Heulastern an. Mit Anfang Zwanzig erwarb er bei Floyd Clymer, einem Indian-Händler in Los Angeles, eine alte Harley-Davidson VL. Der erste Kontakt zu Motorradrennen ergab sich als Zuschauer bei einem Kurzstreckenrennen. Seine große Faszination für diesen Sport bewegte ihn daraufhin zum Kauf eines weiteren Motorrads, einer Rudge, die er ebenfalls bei Clymer erstand und danach bei solchen Rennen einsetzte. Eines Tages nahm er mit seiner alten VL an einem Geschwindigkeitswettkampf teil, den er als Zweiter beendete, obwohl ihm ein Reifenschaden einen erheblichen Zeitverlust einbrachte. Floyd Clymer war derart beeindruckt von dem Neuling, daß er ihm für mehrere Rennen einen Werkseinsatz auf einer Sport Scout vermittelte. Unter der Woche arbeitete Kretz als Mechaniker in Clymers Werkstatt, an den Wochenenden frönte er seiner Rennleidenschaft. 1935 ging er beim 100-Meilen-Rennen in Ascot an den Start, dessen Führung er gleich zu Beginn übernahm. Seine Sport Scout hatte jedoch mit elektrischen Problemen zu kämpfen, wobei kriechender Zündstrom sich teilweise an den Sattelfedern entlud. Runde um Runde jagte er seine sprotzelnde und keifende Maschine um den Parcours, bis nach sechs Boxenstopps der Fehler endlich behoben werden konnte. 43 Runden waren noch zu fahren, und Kretz begann eine spektakuläre Aufholjagd. Er kämpfte sich vom 19. auf den 6. Platz vor, und obgleich er nicht gewann, zeigte er doch enormes Siegespotential.

Die Wirtschaftskrise wirkte auf das Renngeschehen in den USA überaus lähmend, besaßen weder das interessierte Publikum noch die Fahrer selbst die finanziellen Mittel, um von Rennen zu Rennen zu reisen. Nur einige wenige Veranstaltungen blieben daher übrig. Die sich langsam bessernden sozialen Verhältnisse weckten zögerlich, aber stetig neues Interesse, worauf sich im Südosten der Vereinigten Staaten eine Gruppe zur Organisation eines großen Straßenrennens bildete. Eine ehemalige Rennveranstaltung in Atlanta, Georgia, wurde als 200-Meilen-Rennen wiederbelebt, ausgetragen nach dem neuen Reglement der American Motorcyclist Association für die Class C. In dieser Rennklasse gingen nur serienmäßig belassene Maschinen an den Start, lediglich Schalldämpfer und Beleuchtungsanlage durften abmontiert werden. Auf diese Weise eröffneten die neuen Regeln der Rennszene eine breitere Teilnehmerschaft. Die Hubraumobergrenze lag bei 45 Kubikzoll (740 ccm), was nicht weiter verwunderlich war, boten doch die beiden großen amerikanischen Motorradhersteller V-Twins genau in dieser Klasse an.

Die erste Veranstaltung dieser Art fand am 26. April 1932 in Savannah, Georgia, statt. Nur insgesamt 14 Maschinen gingen an den Start, von denen schließlich die Harley-Davidson unter Ralph Edwards triumphierte. Das nächste Rennen, ausgetragen am 4. Juli 1933, fiel ebenfalls an eine Harley-Davidson, diesmal pilotiert von Bert Baisden. 1934 hingegen verlagerte man den Wettbewerb nach Jacksonville, Florida, wo er allerdings etwas früher im Jahr abgehalten wurde und erfreulicherweise auch eine große

Oben: *Butch Baer auf seiner 1937er Sport Scout in voller Fahrt beim American Historic Racing Motorcycle (AHRM) in Daytona, Florida, im Jahre 1994.*
Rechts: *Die Chief-Modelle des Jahres 1937 erhielten einen neuen Schalthebel, der vor den Tank verlegt, ein zusätzliches Umlenkgestänge erforderlich machte.*

und er überfuhr die Ziellinie knapp vor Carpenter, der in der Endphase mit Benzinmangel zu kämpfen hatte. Die traditionelle Dominanz der Milwaukeer Maschinen auf diesem 200-Meilen-Rennen war gebrochen. Das Jahr 1936 brachte die Marathonveranstaltung erneut nach Savannah, da einerseits die Veranstalter Angst hatten, der stark angewachsenen Zuschauerschaft in Jacksonville nicht mehr Herr werden zu können, andererseits die Stadtväter von Savannah das Rennen als lukrativen Wirtschaftsfaktor ansahen. Das 200-Meilen-Rennen in den Südstaaten genoß mittlerweile ein hohes Ansehen, und für die fünfte Austragung fanden sich Teilnehmer aus allen Teilen der USA ein. Hap Alzina, ein bekannter Indian-Händler von der Westküste, kam mit zwei Fahrern und rennmäßig präparierten Scouts. Einer von ihnen war Al Chasteen, Gewinner des Class C-Rennens von Oakland in San Franciscos Bay Area im November des Vorjahres, der andere ein fünfundzwanzigjähriger unbekannter, aber vielversprechender Neuling: Ed Kretz. Gleich nach dem Start fuhr Kretz an die Spitze des Felds, wo er bis zum ersten Tankstopp alle Angriffe abzuwehren vermochte. Schon kurz danach ging er, gejagt von drei hartnäckigen Verfolgern, erneut in Führung. Der eine war sein Mannschaftskollege Chasteen, die anderen Babe Tancrede und Ralph Edwards. Alle hätten sie gewinnen können, doch Kretz stach seine Konkurrenten aus, und gewann. Tancrede auf einer Harley-Davidson errang den zweiten, Chasteen den dritten und Edwards den vierten Platz. Es war Ed Kretz' erster großer Triumph, der ihm außerdem stattliche $ 400 einbrachte. Es sollte nicht sein letzter großer Erfolg bleiben.

Seit Jahren schon wurden in Daytona Beach auf dem langen, harten Atlantikstrand Geschwindigkeitsrennen ausgetragen, so daß es für die Stadt nur allzu passend erschien, für 1937 die Southeastern Motorcycle Association und ihre berühmten 200 Meilen auf den Strandparcours zu holen. Zwei Geraden, eine entlang des Strands und eine entlang

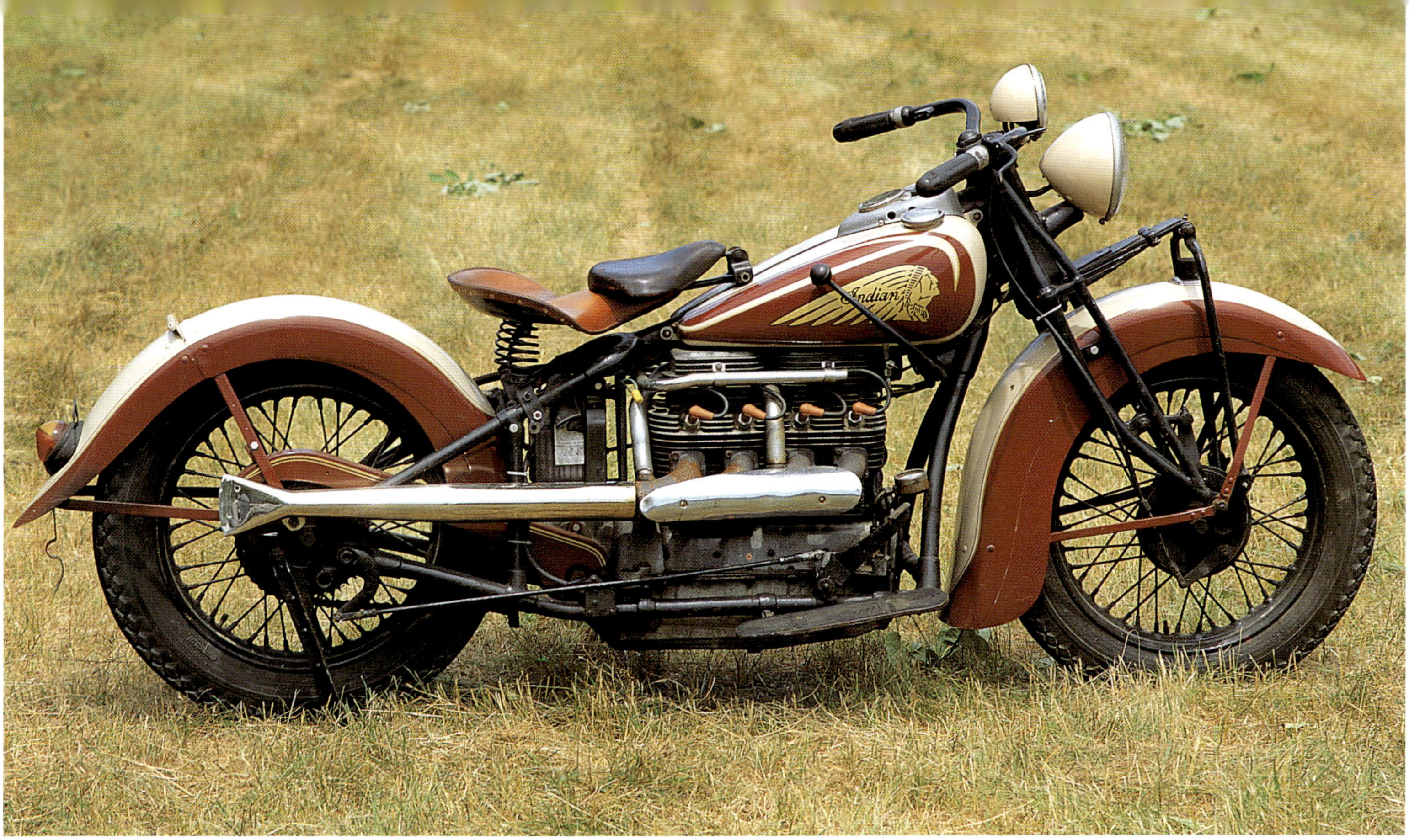

Oben: *Diese Indian Four aus dem Jahre 1938 befindet sich im Besitz von Jim Smith aus New Jersey. 1938 stellte Indian die paarweise zusammengefaßten Zylinderblöcke vor und kehrte zur alten, aber beliebteren Ventilkonfiguration zurück.*
Links: *Instrumente mit hellen Zifferblättern gab es nur für das Modelljahr 1938.*

der befestigten, parallel verlaufenden Strandpromenade, verbunden durch zwei sandige Kehren, legten die Renndistanz auf 3,2 Meilen (etwa 5,2 km) fest. 63 Runden waren insgesamt zu absolvieren. Die unterschiedlichen Untergründe, Sand auf der einen Seite, Pflastersteine auf der anderen, stellten an Mensch und Maschine höchste Anforderungen. Als wichtigster Lauf galt die Class C mit nahezu serienmäßig belassenen Maschinen. Kein Wunder, bedeutete ein Sieg in dieser Klasse doch gleichzeitig höhere Absatzzahlen für die darauffolgende Verkaufssaison. Schon damals wurde der Grundstein gelegt für ein Ereignis, dessen Popularität bis in die heutige Zeit ungebrochen ist.

Ed Kretz befand sich ganz vorn in einem Starterfeld, das sich in erster Linie aus Harleys und Indians rekrutierte, aufgelockert durch einige Nortons. Entlang der Strecke hatten sich an die 15.000 Zuschauer versammelt, genau die richtige Voraussetzung für ein spannendes Rennen. Gleich vom Start weg arbeitete sich Ed Kretz auf seiner Sport Scout an die Spitzengruppe heran, gegen Ende der ersten Runde lag er bereits auf Platz Drei, gegen Ende der zweiten Runde führte er das Feld an. Im weiteren Verlauf des Rennens überrundete Kretz die übrigen 85 Fahrer und feierte mit

Oben und rechts: *Die Junior Scout ging mit einem 30.50 cu.in.-V-Twin (500 ccm) in Produktion. In der Werbung nutzte Indian die optischen Reize weiblicher Piloten, um die Junior vor allem für motorradbegeisterte Frauen attraktiv zu machen. Dieses Exemplar von 1939, lackiert in Navajo-Blau, gehört zur Sammlung von Jon Mowen aus Smithsburg, Maryland.*

der Daytona 200 seinen zweiten 200-Meilen-Sieg. Zweiter war Clark Trumbull aus Washington, D.C., auf einer Norton, Dritter Ellis Pearce aus Florida auf einer Harley-Davidson. Rody Rodenburg, Sieger der 200 Meilen von 1935 in Jacksonville, Florida, und Inhaber des Langstreckenrekords über 71 Stunden von Los Angeles nach New York City (3005 Meilen bzw. 4836 Kilometer), ging als Siebter, Archie Sprague aus Indiana auf einer Indian als Vierter durchs Ziel. Unter den ersten Zwanzig tummelten sich sieben Indian, elf Harley-Davidson und zwei Norton. So anspruchsvoll die neue Piste auch war, so tückisch zeigten sich ihre naturgegebenen Randbedingungen. Bedingt durch die Startzeit und die Gezeiten des Meeres, drängte der steigende Wasserspiegel gegen Ende der Renndistanz die Fahrer immer stärker dazu, den längeren Weg durch den weichen Sand oder aber den kurzen Weg durch das Wasser zu nehmen.

Dieser Problematik entging man 1938, indem man den Zeitpunkt für den Start so legte, das das Rennen vollständig während der Ebbephase durchgeführt werden konnte. Ed Kretz, der seinen Vorjahrestitel zu verteidigen suchte, stürzte während des Trainings jedoch schwer. Trotz verletz-

ter Schulterbänder und eines verstauchten Fußknöchels ging er gemeinsam mit 107 anderen Fahrern an den Start. Er führte während dreier Runden, doch eine gerissene Antriebskette in Runde 29 zwang ihn schließlich doch zur Aufgabe. Der Kampf um die Spitzenposition entbrannte daraufhin zwischen Lester Hillbish, einem Indian-Fahrer aus Pennsylvania, und zwei Harley-Fahrern, Ben Campanale und Tommy Hayes. Am Ende siegte Campanale knapp vor Hillbish und Hayes.

Ein stark ausgedünntes Starterfeld präsentierte sich in Daytona hingegen für das Jahr 1939, obwohl für das Rennen angesichts solcher zugkräftiger Namen wie Kretz und Campanale absolute Spannung garantiert war, vom großen Duell zwischen Indian und Harley-Davidson ganz zu schweigen. Kretz fuhr glattweg an die Spitze, während „Campy" sich durch das Hauptfeld kämpfen mußte. Hartnäckig in seinem Bemühen aufzuschließen, schaffte er es in Runde 7 schließlich auf die zweite Position, 10 Sekunden hinter Kretz. In Runde 9 waren es nur noch 6 Sekunden, und als es in Runde 10 ging, ereilte Kretz das Schicksal. Seine Sport Scout fing Feuer und er verlor vier ganze Runden. Campanale ging in Führung, wenngleich ihm Sam Arena, ein bekannter Harley-Fahrer aus Kalifornien, die Spitzenposition massiv streitig machte. Er und Campanale wechselten im Rennverlauf mehrere Male die Positionen, bis Arena in einer der Sandkehren stürzte. Sand drang in den Motor seiner Maschine ein, er mußte aufgeben. Campanale, Mitglied des Rhode Island Ramblers MC, fuhr schließlich seinen zweiten Daytona-200-Sieg in Folge ein. Kretz gelang ein 25. Platz, während Bill Anderson mit einem dritten Platz dem Namen Indian auch weiterhin Ehre machte.

Mittlerweile hatte sich die im Frühjahr veranstaltete Daytona 200 als erstes wichtiges Motorradrennen der Saison etabliert, und so glänzte auch die Ausgabe des Jahres 1940 mit einem höchste Spannung verheißenden Teilnehmerfeld. Campanale, Tancrede und Arena hielten für Harley-Davidson die Flagge hoch, Kretz und Jimmy Kelly für Indian. 77 Maschinen zählte das Rennen, von denen aber nur 15 ins Ziel kamen. Etwa in der Hälfte der Renndistanz fiel Kretz wegen technischer Probleme aus, das gleiche Schicksal traf auch Campanale und Arena. Jetzt war der Weg frei für Babe Tancrede und Jimmy Kelly, der den führenden Tancrede in Runde 57 einholte. Nur sechs Runden vor dem Ziel, in Runde 59, ereilte Kelly ebenfalls ein technischer Defekt, so daß Harley-Davidson einem Sieg

Links: *1938 erfreute Indian die Anhänger der Four mit der Rückkehr zur altbewährten „inlet-over-exhaust"-Ventilanordnung.*
Rechts: *Nach der Auslieferung eines Kontingents Polizeimaschinen stellte Indian 1942 die Produktion der Four ein. Die Vierzylindermotoren ließen sich nur unter hohem Kostenaufwand herstellen.*

STATE
POLICE

nichts mehr im Wege stand. Wallace Aikens aus Florida verhalf Indian schließlich zu einem zufriedenstellenden zweiten Platz.

Bedauerlicherweise wiederholte sich das Schicksal für Jimmy Kelly in der letzten Daytona 200 vor Eintritt Amerikas in den zweiten Weltkrieg. Harley-Davidson debütierte dort mit dem neuen 45-Kubikzöller, der WRTT, während Indian weiterhin die bewährten Sport Scout ins Rennen schickte. Der Kanadier Billy Mathews auf einer Norton galt als großer Favorit, was er gleich in der ersten Runde durch seine Führung dokumentierte, hartnäckig verfolgt vom Kalifornier Armando Magri auf einer WRTT. Mathews jedoch stürzte im Sand, Magri fiel wegen eines technischen Defekts aus. Kelly fuhr daraufhin an die Spitze, Mathews nahm nach dem Sturz das Rennen wieder auf. Alle Zeichen standen für einen Sieg Kellys, doch erneut machte ihm die Technik einen Strich durch die Rechnung, und die Bahn frei für den ersten Sieg einer ausländischen Marke in Daytona.

In den Nachkriegsjahren fuhr Kretz erneut für Indian, später für britische Marken. In vielen Rennen dominierte er, doch wegen fortwährender technischer Pannen glückte ihm nur bei zwei Rennen ein Sieg. In Monterey Park, einem Vorort von Los Angeles, eröffnete er in den Folgejahren einen Verkaufshandel mit Indian-Motorrädern. Nach Indians Abschied von der Motorradszene übernahm er die Vertretungen anderer Marken, einschließlich jener für BMW. Seine robuste Natur ließ ihn in seiner Laufbahn zahlreiche Unfälle überstehen, so auch während des letzten großen Rennens vor dem zweiten Weltkrieg, den 200 Meilen von Oakland, Kalifornien. Kretz fuhr gut in der Spitzengruppe mit, die er im Verlauf des Rennens aber von hinten aufzurollen begann. Während der Überrundung der langsameren Fahrer, unternahm der Texaner Tommy Hayes, an zweiter Stelle liegend, den Versuch, an dem führenden Ben Campanale vorbeizuziehen und Kretz dadurch zu behindern. Dabei fuhr er zu schnell in die Nordkehre ein und stürzte. Campanale wurde mitgerissen, jedoch gelang es Kretz, sich durch die fahrerlosen Maschinen

hindurchzuschlängeln. Eine der Maschinen brachte die drei nachfolgenden Fahrer, John McCall, Jimmy Kelly und Sam Arena, zu Fall. Arena gelang es, sich bei einem Tempo von 160 km/h von seiner Harley zu lösen, und entging dadurch ernsthaften Verletzungen. McCall und Hayes wurden getötet, Kelly und Campanale kamen mit dem Leben davon, verbrachten jedoch fast ein Jahr in ärztlicher Behandlung. Es war ein schwarzer Tag für den Motorradrennsport und rief traurige Erinnerungen an den Unfall Eddie Hashas in Newark, New Jersey, dreißig Jahre zuvor wach, den er und andere leider mit dem Leben bezahlten.

Links: *Eine 1940 Scout im Renntrimm. Maschinen wie diese brachten Indian im Wettstreit mit Harley-Davidsons WRTT Ruhm und Ehre ein. Der 45 cu.in.-V-Twin (740 ccm) war leistungsgesteigert gut für Geschwindigkeiten über 160 km/h.*

55
Indian

1940 Indian Dirt Tracker

Dieser Dirt Tracker aus den Vorkriegsjahren befindet sich im Besitz von Dean Nelson. Die Maschine wurde entsprechend ihrer ursprünglichen Spezifikation auf hohem Niveau restauriert. Ein im Originalzustand belassenes Exemplar hätte aufgrund seiner martialischen Gebrauchsspuren sicherlich ebenfalls seine optischen Reize. Sämtliche überflüssigen Teile wurden an diesen Maschinen entfernt, um ein möglichst niedriges Fahrzeuggewicht zu erreichen. Das Sitzkissen auf dem hinteren Schutzblech erweiterte die Bewegungsfreiheit des Fahrers, während laut Reglement eine Vorderradbremse nicht erlaubt war. Das direkte Vorläufermodell dieses Dirt Tracker schlug die Konkurrenz aus dem Hause Harley-Davidson gegen Ende der dreißiger Jahre in zwei aufeinanderfolgenden Jahren beim prestigeträchtigen National Championship über 100 Meilen in Langhorne, Pennsylvania.

Spezifikation

Modell
Sport Scout
Baujahr
1940
Bohrung x Hub
73,0 x 88,9 mm (Serie)
Hubraum
45.44 cu.in. (744,8 ccm, Serie)
Leistung
25 PS (Serie)
Ventiltrieb
seitengesteuert
Höchstgeschwindigkeit
137 km/h (Serie)
Benzinverbrauch
5,2 l/100 km
Getriebe
Dreiganggetriebe
Schaltung
per Hand
Radstand
1473 mm
Raddurchmesser
18 Zoll
Rahmentyp
Starrahmen (Keystone)
Vorderradgabel
Trapezgabel
Gewicht
216 kg (Serie)

Indian
Eighty

1941–1953

Die letzten Jahre

Der japanische Luftangriff auf Pearl Harbour am 7. Dezember 1941 katapultierte die amerikanische Nation in den zweiten Weltkrieg, und innerhalb von nur wenigen Tagen stand das United States Marine Corps im verzweifelten Kampf um die Verteidigung ihrer Stellungen auf Wake Island, einem kleinen Atoll im Pazifik, das die Pan American Airways bislang für die Tankstopps ihrer viermotorigen Flugboote nutzte. Dem unscheinbaren Eiland kam enorme strategische Bedeutung bei der Beherrschung des Pazifik zu, und die 16 Tage, die die Marines einem schier übermächtigen Feind standhielten, fanden sich Tag für Tag auf den Titelseiten der amerikanischen Presse wieder. *The Washington Post* verglich diese Heldentat gar mit dem texanischen Widerstand, der 105 Jahre zuvor Alamo in die Annalen amerikanischer Militärgeschichte gebrannt hatte. Hier zeigten sich nach dem fatalen Disaster von Pearl Harbour bereits die ersten Anzeichen, daß trotz eines langen und verlustreichen Wegs Amerika als die wohl mächtigste Industrienation der Erde letztendlich doch Siegesruhm ernten würde. Die geballte Kraft der amerikanischen Industrie stand kurz davor, auf die Achse Rom-Berlin-Tokyo einzuwirken. Teil dieses industriellen Potentials waren Amerikas Motorradhersteller, deren Fahrzeuge als elementar für eine mobile Armee angesehen wurden.

In der Tat hatte Präsident Roosevelt bereits eine Woche nach dem Einmarsch der Wehrmacht in Polen am 1. September 1939 einen teilweisen Notstand ausgerufen. Der Erlaß erlaubte eine verstärkte Rekrutierung in die US Army und die Nationalgarde. Innerhalb dieses einen Sommers wuchs die Stärke der Armee von 175.000 auf 210.000 Mann. General Marshall, kurz vorher zum Chef des Generalstabs ernannt, baute verschiedene taktische Kommandostellen mit ausreichend Truppen auf, um eine voll funktionstüchtige Feldarmee gewährleisten zu können. Er organisierte die wichtigsten Infanteriedivisionen um in fünf mit je drei Regimenten triangular aufgebaute Divisionen.

Unten: *Diese Sport Scout erwarb Evelyn Erikson 1941 als Neufahrzeug in Miami, Florida. Sie befindet sich noch heute in ihrem Besitz. Die markanten Kotflügel behielt man bei den Chiefs der Nachkriegsjahre bei.*

Ziel dieser Maßnahme war es, die Truppen dadurch bewegungsfähiger und flexibler zu machen. Anfang 1940 begann man erstmals seit 1918 wieder mit Manövern, denen im Mai Kampfübungen zwischen „verfeindeten" Parteien folgten. Die Ausrüstung des Militärs mit mobilen Gerätschaften hatte bereits 1936 begonnen, doch knappe finanzielle Mittel zögerten die Durchführung der Pläne hinaus. Im November 1938, auf einer vom Quartermaster Corps in Camp Holabird, Baltimore, anberaumten Zuverlässigkeitsprüfung für Motorräder, erhielten Indian und Harley-Davidson jeweils einen Auftrag über 2000 Motorräder. 1940 stellte die Regierung endlich ausreichend Gelder für die Anschaffung dringend benötigter Transportmittel zur Verfügung, wozu auch Motorräder gehörten. Grund für die neuen Pläne waren Überlegungen, von den Divisionen unabhängige Infanterietruppen in Form von Aufklärungsbataillonen aufzustellen, die als „Vorhut" an der Spitze der neuen Divisionen marschieren sollten. Ein Bataillon setzte sich dabei aus drei Aufklärungskompanien und neun Aufklärungszügen zusammen, transportiert in einer festgelegten Anzahl von White Scout- und Dodge Command-Fahrzeugen sowie Motorrädern in Solo- und Seitenwagenausführung. Diese Pläne versprachen für die Motorradhersteller, ein durchaus lohnendes Geschäft zu werden, und drei von ihnen, Indian, Harley-Davidson und Delco, stellten auch umgehend Prototypen für Prüfzwecke zur Verfügung.

Bereits im Oktober 1939 hatte sich Indian einen Auftrag der französischen Regierung über 5000 Indian Chief mit Seitenwagen in Militärspezifikation gesichert. Der große Auftrag stellte die Produktionskapazität Indians jedoch vor schwierige Probleme, hatte sich das Unternehmen doch noch nicht gänzlich von den Nachwirkungen der Weltwirtschaftskrise erholt. Man entschied sich also, die Bestellung in zwei Chargen von je 2500 Maschinen aufzuteilen. Von Januar bis Februar 1940 wurden zu diesem Zweck zusätzliche Arbeitskräfte verpflichtet. In den frühen Monaten des Jahres 1940 zeigte sich die Lage im kriegsgebeutelten Europa mehr als besorgniserregend, aber dennoch verließen am 12. April 2200 in Lattenkisten verpackte Indian Chief auf der *SS Hanseatic Star* den Hafen von New York mit Ziel auf Le Havre, Frankreich. In nördlichen Atlantikgewässern wurde das Schiff jedoch, getroffen von einem Torpedo, Opfer eines deutschen U-Boots. Ob und in welchem Maße die Motorräder der französischen Armee dienlich gewesen wären, bleibt pure Spekulation, evakuierte

Links: *Die US-Regierung gab detaillierte Spezifikationen für die Militärmaschinen aus, so beispielweise für die sandgrüne Lackierung oder genormte Teile wie diese Doppelrückleuchte.*
Unten: *Viele Teile der Zivilmaschinen wurden, in ihrer Farbe entsprechend angepaßt, für den neuen Einsatzzweck übernommen.*

Großbritannien doch bereits im Juni 1940 seine Truppen von der Küste bei Dünkirchen, nachdem Frankreich in die Hände der gegnerischen Mächte gefallen war. Bei den für Frankreich hergestellten Maschinen handelte es sich um das Modell 340-B mit 74 cu.in.-V-Twin (1200 ccm), abgeleitet von der Indian Chief. Das gleiche Modell wurde ebenfalls an andere alliierte Streitkräfte sowie auch an heimische Regierungsbehörden geliefert.

Das Modell, das Indian der US-Armee zur Prüfung übergab, firmierte ursprünglich unter der Bezeichnung „640". Aufgebaut wurde diese Maschine aus bereits existierenden Komponenten der Modellreihen Junior Scout und Sport Scout. Das neue Militärmodell erhielt einen auf dem Triebwerk der Junior Scout basierenden 30.50 cu.in.-V-Twin mit niedrigerer Verdichtung und sanfteren Ventilsteuerzeiten sowie diversen Modifikationen zur Erhöhung der Zuverlässigkeit unter Kriegsbedingungen. Als Kraftübertragung diente ein serienmäßiges Getriebe der Chief, als Primärtrieb ein serienmäßiger, gekapselter Kettentrieb. Der Antrieb des Hinterrads erfolgte mittels Rollenkette. Die übrigen Komponenten entstammten, einschließlich des zweiteiligen, geschraubten Rahmens, größtenteils der Sport Scout, wobei die Gabelholme zwecks verbesserter Bodenfreiheit verlängert wurden. Als vordere und hintere Radabdeckungen kamen nicht die für Indian charakteristischen voluminösen Kotflügel zum Einsatz, sondern schmale Schutzbleche, damit sich auch in schlammigem Terrain der Dreck nicht zwischen Reifen und Schutzblech festsetzen konnte. Speziell auf die militaristische Anwendung abgestimmte Anbauteile fanden sich ebenfalls, so unter anderem ein robuster Träger für die Montage von Gepäckkoffern oder -taschen, eine verdunkelbare Beleuchtung und ein Oakes-Ölbadluftfilter für einwandfreie Motorfunktion auch bei staubigsten Luftverhältnissen.

Das Mechanized Cavalry Board von Fort Knox, Kentucky, übernahm für die US Army das Motorradtestprogramm. Andere Motorradtypen, wie beispielsweise dreirädrige Prototypen von Indian und Delco, wurden unter anderem auch in Fort Benning, Georgia ausführlichen Prüfungen unterzogen. (Dieses Projekt führte dazu, daß die drei Hersteller in diesem Bereich erhebliche Entwicklungsarbeit leisteten. Prototypen entstanden, und auch eine ausführliche Diskussion für und wider den Sekundärantrieb per Kette oder Kardan entflammte. Letztendlich aber verliefen sämtliche Bemühungen ergebnislos.) Viele der Testfahrten in Fort Knox erfolgten bei niedrigen Geschwindigkeiten, um die Betriebstemperaturen der Triebwerke auszuloten sowie ihre Eignung für Konvoyeskorten und für

Rechts: *Das Triebwerk der 640-A basierte auf dem V-Twin der Junior Scout. Der Hubraum von 30.50 cu.in. (500 ccm) blieb gleich, Verdichtungsverhältins und Ventilsteuerzeiten aber präsentierten sich reduziert bzw. sanfter ausgelegt.*

den Geländeeinsatz zu prüfen. Die Maschinen sollten aber trotzdem in der Lage sein, Höchstgeschwindigkeiten von 65 mph (etwa 105 km/h) zu erreichen. Die Prüfungskommissionen beurteilten dabei manche Konstruktionsdetails der drei Hersteller überaus positiv, andere hingegen fielen eher negativ auf. Der bei Indian an der Lenkstange links angeordnete Gasgriff fand großes Lob, da während Konvoyfahrten die Fahrer ihre rechte Hand für verkehrsleitende Signale nutzen konnten. Die WL von Harley-Davidson beeindruckte durch ihre Robustheit, während das Modell von Delco, dessen Konstruktion stark an BMW angelehnt war, durch Kardanantrieb, Teleskopgabel, große Bodenfreiheit und geringes Fahrzeuggewicht überzeugte. Harley-Davidson und Indian trieben daraufhin ihre Entwicklungsarbeit weiter voran, deren Ergebnis schließlich die XA und die 841 waren. Zuvor aber präsentierte Indian mit der 640-B eine 45 cu.in.-Version der 640, die nachträglich in 640-A umbenannt wurde. Die Bezeichnung „640-B" änderte Indian im weiteren Verlauf allerdings um in „741". Diese Maschine stieß bei der US-Armee vor allem durch ihre höhere Leistungsfähigkeit auf verstärktes Interesse. Die Prüfer akzeptierten jedoch beide Modelle, so daß ein stückzahlseitig unbegrenzter Vertrag Indian endlich den Startschuß für die Produktion gab. Im Januar 1941 folgte ein weiteres, eben-

falls unbegrenztes Abkommen. In diesem Jahr rollten in Springfield an die 11.000 Einheiten von den Bändern, für Indian die größte Jahresproduktion seit den frühen zwanziger Jahren.

Im Spätjahr 1941, als die deutsche Luftwaffe verstärkt Angriffe auf England flog, erhielt Indian von der britischen Armeeführung einen Auftrag über 5000 640-A. Flächendeckende Bombenangriffe hatten einen großen Teil der britischen Industrieanlagen zerstört, so auch die Triumph-Werke in Coventry. Ausschlaggebend für die Wahl der 640-A waren die gegenüber der großvolumigeren 741 niedrigeren Verbrauchswerte. Die Produktion von 640-A und 741 wurde für 1942 fortgesetzt, ergänzt durch einige Indian Chiefs, die man für Regierungsbehörden und „Essential Use"-Kunden herstellte. Diese Kundenkategorie repräsentierte die einzige Möglichkeit, als Zivilperson ein neues

Unten: *Robin Markey von Bob's Indian Sales in Etters, Pennsylvania, in Gesellschaft von zwei restaurierten Militärmaschinen, einer 741-B aus dem Jahr 1943 zur Linken und einer 640-A aus dem Jahr 1940 zur Rechten. Hauptunterschied zwischen den beiden Veteranen ist ihr Hubraum: 30.50 cu.in (500 ccm) bei der 640-A gegenüber 45 cu.in. (740 ccm) bei der 741-B.*

Motorrad zu erwerben. Allerdings mußte der Kunde den Nachweis erbringen, daß die Maschine im Rahmen einer Tätigkeit genutzt wurde, die in direktem Zusammenhang mit Amerikas Kriegseinsatz stand. „Essential Use"-Motorräder lieferte Indian in abgespeckter Basisausführung mit einem Minimum an Verchromung aus. Am 9. Februar 1942 jedoch kam per Regierungsentscheid sämtliche Zivilproduktion im Fahrzeugsektor zum Erliegen. Indian führte seine Werbekampagne dennoch fort, rechnete man doch nach Kriegsende mit einer verstärkten Nachfrage nach neuen Motorrädern. Eine der Werbeanzeigen zeigte eine Gruppe Motorradfahrer, die neben ihren Indians Deckung nahmen. Der Slogan dazu lautete: „In a militant world 'Indians' Scout ahead".

Im August 1943 wurde Indian von Armee und Marine ein Production Award zuerkannt, allgemein bekannt auch als „E for excellence"-Award. Die Übergabezeremonie hielt man auf dem Werksgelände in Springfield ab, wobei die von Brigadegeneral Burton O. Lewis, Leiter des Bostoner Feldzeugdistrikts, überreichte „E"-Fahne am örtlichen Flaggenmast gehißt wurde. Indians Vizepräsident Dwight L. Moody hielt die Eröffnungsansprache und Indians Präsident E. Paul Du Pont sprach allen Mitarbeitern des Unternehmens seinen ausdrücklichen Dank aus. William M. Saunders, ein pensionierter Marineoffizier, verteilte an alle Mitarbeiter Anstecknadeln mit „E"-Emblem, während John A. Bible, Vorsitzender der Indian Employees' Association und seit 31 Jahren im Unternehmen tätig, eine Willkommensansprache hielt. Etwa 9000 Motorräder lieferte man ebenfalls an die sowjetische Rote Armee, insgesamt belief sich die Produktion der Kriegsjahre auf 42.044 Einheiten.

Links: *Motorräder unter dem Signet „Essential Use" waren während der Kriegsjahre die einzigen neuen Zivilmaschinen, die verkauft werden durften.*
Oben: *Diese heute im Besitz von Steve Teddaton befindliche 841 ist ein Exemplar einer von der US Army in Auftrag gegebenen Versuchsreihe.*

Das Modell 841 präsentierte sich als Ergebnis der vielversprechenden Möglichkeiten, die das Militär im Kardanantrieb sah. Die Motorräder der deutschen Wehrmacht wiesen als herausragende Konstruktionsmerkmale Boxermotoren und Kardanantrieb auf, zwei Dinge also, die sich gegenüber den kettengetriebenen V-Twins durch erheblich geringeren Wartungsaufwand auszeichneten. Der Wellentrieb ließ das ständige Spannen der Kette entfallen und das Boxerprinzip erlaubte niedrigere Betriebstemperaturen. Längere Intervalle zwischen den einzelnen Motorüberholungen waren hierbei ein nicht zu verachtender Vorteil. Harley-Davidson und Indian wurden schließlich gebeten, entsprechende Prototypen anzufertigen. Indian stellte in diesem Zuge die 841 mit quer eingebautem 45 cu.in.-V-Twin (740 ccm) und Kardanantrieb vor. Wie bei allen anderen Militärmodellen der Marke kamen auch hier viele bereits vorhandene Komponenten zum Einbau, unter anderem auch zahlreiche Motorteile der Sport Scout. Fahrwerksseitig verfügte der Prototyp über eine Geradwegfederung hinten und eine Trapezgabel vorn. Die Lenkstange war zur Verminderung von Vibrationen in Gummi gelagert. Außerdem wies die 841 als erstes Modell aus dem Hause Indian ein fußgeschaltetes Getriebe auf. Mit ihrer auf den militärischen Einsatzweck niedriger abgestimmten Motorleistung, schaffte die Maschine dennoch gut und gern 70 mph (etwa 112 km/h). 1000 Exemplare der 841 sowie 1000 des konkurrierenden Modells XA aus dem Hause Harley-Davidson, ebenfalls mit Geradwegfederung und Kardan ausgerüstet, wurden von der Armee zu Prüfungszwecken bestellt. Im Unterschied zur 841 wies die XA jedoch einen Boxermotor und eine Teleskopgabel auf.

Die Entscheidung darüber, welches Modell in größeren Stückzahlen in Produktion gehen sollte, verschob die US Army allerdings bis ins Jahr 1943, da man erwartete, daß sämtliche laufenden Bestellung zu diesem Zeitpunkt ausgeliefert sein würden. Ferner sollte das ausgewählte Modell von beiden Firmen parallel produziert werden, entsprechend dem Willys Jeep, der ja auch bei Ford von den Bändern lief. Die Erwähnung des Jeep an dieser Stelle hat ihren Grund, da dieses Fahrzeug erheblichen Einfluß auf die weitere Entwicklung der Motorradlieferungen ausübte. Der leichte, allradgetriebene Willys Jeep wurde 1941 massenproduzierte Realität und drängte das Motorrad mit einem Schlag in eine Statistenrolle. Der Jeep eignete sich erheblich besser für den Einsatz im Kampf und für den Transport kämpfender Truppen durch unwegsames Gelände, und so kamen weder die 841 noch die XA in den Genuß größerer Stückzahlen. Einen ähnlich schwerwiegenden Todesstoß versetzte der Jeep den geplanten dreirädrigen Motorradprojekten. Von den 1056 gefertigten 841 gingen einige an diverse Militärinstitutionen, die meisten jedoch verblieben in Springfield, um 1944 schließlich als Armeeüberschuß verkauft zu werden. Als sich auf den Kriegsschauplätzen im Pazifik und in Europa eine zunehmende Entwicklung zugunsten der Alliierten abzeichnete, gelangten weitere Chargen an Militärmaschinen in den öffentlichen Verkauf, so auch 4600 Einheiten im Frühjahr 1944. 1900 von ihnen waren Indian. Von 3500 im August desselben Jahres angebotenen Maschinen stammten 1500 ebenfalls von Indian. Die Militärverträge wurden in zunehmendem Maße aufgehoben, trotzdem schloß man mit Indian neue Abkommen über die Lieferung von Fahrzeugen an die Marine und von Ersatzteilen für den vorhandenen Bestand an Militärmaschinen. Später jedoch weigerte sich die US-Regierung, für die gelieferten Teile zu zahlen, so daß sich Indian erneut in einer bedrohlichen finanziellen Mißlage befand. Sämtliche Reserven für die nach dem Krieg geplante Weiterentwicklung der Modellpalette waren durch die Verluste schlagartig aufgebraucht.

Die Karriere von Francis „Cliff“ Clifford beleuchtet eindrucksvoll die Entwicklung der amerikanischen Motorradszene nach dem Kriege. In den späten dreißiger Jahren begann Clifford erste Motorradluft zu schnuppern, als er einen Motorradkurierjob bei einem Fotografen annahm. Sein recht guter Verdienst erlaubte ihm 1939 den Kauf einen nagelneuen Indian Scout. 1940 entschloß er sich dann, aktiv an Motorradrennen teilzunehmen, was er mit einer Triumph Tiger 100 bei einem Rennen in San Francisco

Unten: *Kanada trat an der Seite der Alliierten ebenfalls in den zweiten Weltkrieg ein. Auch die kanadische Armee zählte zu den Kunden des Springfielder Unternehmens, wie dieses Exemplar, restauriert von einem holländischen Enthusiasten, beweist.*

auch realisieren konnte. Im Verlauf des Rennens, als er gerade mit Cottrell, einem von Dudley Perkins' Fahrern, unterwegs auf einer Harley-Davidson WR, im Wettstreit lag, stürzte er an der Streckenbegrenzung und brach sich ein Bein. Kurz nach seiner Genesung entflammte für die USA der zweite Weltkrieg, so daß praktisch über Nacht eine Rationierung von Benzin und Reifen ausgerufen wurde. 1947 nahm Clifford sein Rennengagement auf einer 101 Scout, die er im Tausch gegen seine Triumph erworben hatte, wieder auf und trat eine Arbeitsstelle in Hap Jones' Indian-Verkaufsstützpunkt an. Cliff implantierte Nockenwellen aus einer Bonneville und andere leistungssteigernde Teile in den V-Twin seiner Scout, womit er recht erfolgreich an zahlreichen Rennen teilnahm, die nahezu an jedem Wo-

Rechts: *Der Eintritt der USA in den zweiten Weltkrieg bedeutete gleichzeitig die Aussetzung der zivilen Motorradproduktion, wenngleich die Fertigung von Ersatzteilen ungehindert weiterlief.*
Unten: *Dieses originalgetreu restaurierte Exemplar verfügt über eine authentische GI-Ausrüstung.*

chenende in San Francisco, Davis, Stockton, Tulare, Sacramento, Lodi oder Belmont stattfanden. In Belmont steigerte sich die Zahl der Rennen sogar auf stattliche 200 Veranstaltungen pro Jahr. Später hatte er das Glück, bei Dudley Perkins arbeiten zu dürfen, an dessen Harley-Davidson WRs er als Rennmechaniker eingesetzt wurde. Gemeinsam mit Perkins' Rennmannschaft reiste er durch die USA, wobei er zwischen den Rennen für die Instandhaltung der Maschinen zu sorgen hatte. Einen Lohn zahlte man ihm allerdings nicht, so daß er seinen Lebensunterhalt durch Siege bei Amateurrennen verdienen mußte. 1953 gab er den Motorsport auf und kehrte in seinen alten Job bei Hap Jones zurück.

Die berühmten 200 Meilen von Daytona wurden für die Dauer des zweiten Weltkriegs ausgesetzt und fanden erst im Jahre 1947 ihre erneute Auflage. Die Besucherzahl brach jegliche Rekorde, etwa 27.500 Zuschauer kamen, um die 142 Fahrer zu sehen, die um das ausgeschriebene Preisgeld von 1000 Dollar anzutreten beabsichtigten. Ein etwas ungewöhnlicher Zwischenfall ereignete sich am Rande der Rennstrecke, als im Verlauf der Austragung ein Feuer ausbrach und die Fahrer zeitweilig durch die Flammen jagen mußten, die der Wind über den betroffenen Streckenabschnitt schlagen ließ. Bob Struth auf Harley-Davidson erlitt sogar Brandverletzungen an einer Hand, kam aber dennoch als Vierter ins Ziel. Die größte Aufmerksamkeit richtete das Publikum jedoch auf den Kampf um die Spitzenposition. Ed Kretz auf Norton und Floyd Emde auf Harley-Davidson lagen Kopf an Kopf, gefolgt von Johnny Spiegelhof auf einer Indian Scout mit der Nummer 2, gesponsort von Krause Indian Sales. Emdes Harley fiel in Runde 6 mit Motorschaden aus, während es Kretz noch bis in Runde 12 schaffte, als ihn Probleme im Kettentrieb ebenfalls aus dem Rennen warfen. Bobby Hill aus Ohio, unterwegs auf einer Indian, kämpfte sich bis in Runde 20 auf Platz Zwei vor, doch Schwierigkeiten mit der Bremsanlage zwangen ihn zur Aufgabe. So fuhr der aus Milwaukee, Wisconsin, stammende Spiegelhof schließlich den zweiten Daytona-Sieg in der Geschichte Indians ein, vor Ted Edwards aus Atlanta, Georgia, ebenfalls auf einer Indian Scout, und Alli Quattrochi aus Rhode Island auf einer Harley-Davidson.

Im Frühjahr 1948 versammelten sich die Helden des Vorjahrs erneut in Daytona, diesmal allerdings auf einem neu abgesteckten, 4,1 Meilen (6,6 km) langen Parcours, notwendig geworden durch den Bau von Häusern auf dem

alten Rennterrain. Teil nahmen nahezu alle Sieger aus früheren Jahren, so Kretz und Spiegelhof auf Indian, Ben Campanale und Babe Tancrede auf Harley-Davidson sowie Billy Mathews auf Norton. Floyd Emde aus dem kalifornischen San Diego ging mit einer von nur 50 Indian Sport Scout an den Start, die das Springfielder Unternehmen speziell für den Renneinsatz aufgebaut hatte. Diese Maschinen firmierten unter der Bezeichnung „648" und wurden montiert von einem dreiköpfigen Team unter der Leitung von Jimmy Hill, seines Zeichens Mitarbeiter von Indians Versuchsabteilung. Verbaut wurden die längere Vorderradgabel der 741 sowie die Zylinder der 841. Das Triebwerk erhielt eine Kurbelwelle mit schmaleren Ausgleichsgewichten aus Gußeisen und kalibrierte Ölbohrungen für die Druckölschmierung der Kurbelwelle. Modifizierungen an der vorderen Nockenwelle erlaubten den Einsatz der Ölpumpe der 1948er Chief, die wiederum einen vertikal angeordneten Magnetzünder antrieb. Einige der Zylinderkühlrippen mußten aufgrund dessen ebenfalls modifiziert werden. Längere Kolben mit kalottenförmigen Böden sorgten für eine höhere Verdichtung, machten aber eine Überarbeitung der Brennräume notwendig. Die 648 ist gemeinhin auch bekannt als „Big Base"-Scout, abgeleitet von dem mächtigen als Ölwanne ausgebildeten Unterteil des Kurbelgehäuses. Es wird vermutet, daß Spiegelhofs siegreiche Indian des Jahres 1947 ein Prototyp der Big Base gewesen ist. Emde auf einer 648 wurde gesponsort von Guy Urquhart, einem Indian-Konzessionär aus San Diego. Gleich nach dem Start setzte er sich an die Spitze, und verteidigte diese Position bis zum Zieleinlauf, eine noch nie zuvor dagewesene Leistung in der Geschichte der Daytona 200. Neben den Rennlegenden Ed Kretz und Cannonball Baker empfingen ihn im Ziel auch sein Mechaniker, Noel MacIntire und der neue Präsident des Unternehmens, Ralph B. Rogers. Obgleich Emde seine Führung nie abgab, fiel die Entscheidung nur knapp aus. Der Kanadier Billy Mathews auf einer Norton

Oben: *Die Indian Chief der Nachkriegsjahre präsentierte sich als ein überaus stattliches Motorrad, eindrucksvoll demonstriert durch dieses Gespann aus dem Besitz der Seidel-Familie.*

Links und unten: *Als Solomaschine glänzte die Chief durch souveräne Eleganz. Ab 1947 kamen eine Trapezgabel im Stile der Model 841 und das berühmte Kotflügelemblem, der beleuchtete Indianerkopf, zum Einsatz.*

war bis zur Mitte der Distanz gleichauf mit dem Spitzenreiter, doch eine Tankpause kostete ihn zuviel wertvolle Zeit. Wieder auf der Strecke, etwa eine Minute lag er nun hinter Emde zurück, gelang es ihm aber, den Zeitverlust wieder aufzuholen, so daß es in den letzten Runden zu einem harten Rennen Kopf an Kopf kam. Die Austragung des Jahres 1949 sollte allerdings drei Norton auf die ersten drei Plätze führen, und damit die Dominanz der amerikanischen Marken auf den heimischen Rennpisten endgültig brechen.

Im März 1945 wurde Indians Präsident, Paul Du Pont, in das Amt des Direktoriumsvorsitzenden gewählt, doch mit seiner Gesundheit stand es nicht zum Besten. Die Frage, ob Du Pont das Unternehmensgeschick auch in Zukunft in festen Händen halten würde, beunruhigte die Direktoriumsmitglieder in zunehmendem Maße, so daß man ihn schließlich zum Verkauf bewegte. Im Oktober erwarb Ralph Buron Rogers, ein bekannter Industrieller und Millionär, die Springfielder Marke. In seinem Besitz befanden sich verschiedene Firmen, in denen unter anderem Dieselmotoren, Rasenmäher und Eisenbahnwaggons produziert wurden. Später kaufte Rogers auch die Torque Engineering Company, die gerade im Begriff stand, in Plainville, New Jersey, die Herstellung von Leichtmotorrädern zu initiieren. Rogers lag die positive Entwicklung seiner Unternehmen sehr am Herzen, und so lernte er sogar Motorrad zu fahren. Er und ein Teil der Unternehmensführung kamen gemeinsam zu der Erkenntnis, daß der amerikanische Markt mittelfristig eine Nachfrage nach kleinen und preisgünstigen leichten Motorrädern gebären würde. Als problematisch schätzten sie jedoch die Situation an der Verkaufsfront ein, wo die Händler die Entwicklung keinesfalls verpassen durften. Progressivere Verkaufsstrategien und modernisierte Verkaufsstützpunkte waren hierfür unabdingbare Voraus-

Unten: *Indians Werbeanzeige für die Modelle 149 und 249 des Jahres 1949.*

Rechts: *Die 149 (oben) war als Einzylinder, die 249 (unten), so wie dieses Exemplar von Dennis Bolduc, als Parallel-Twin ausgelegt.*

Links: *Leider geizten diese Modelle mit ihrer Zuverlässigkeit, so daß der Griff zum Ersatzteilkatalog oft nicht zu umgehen war.*

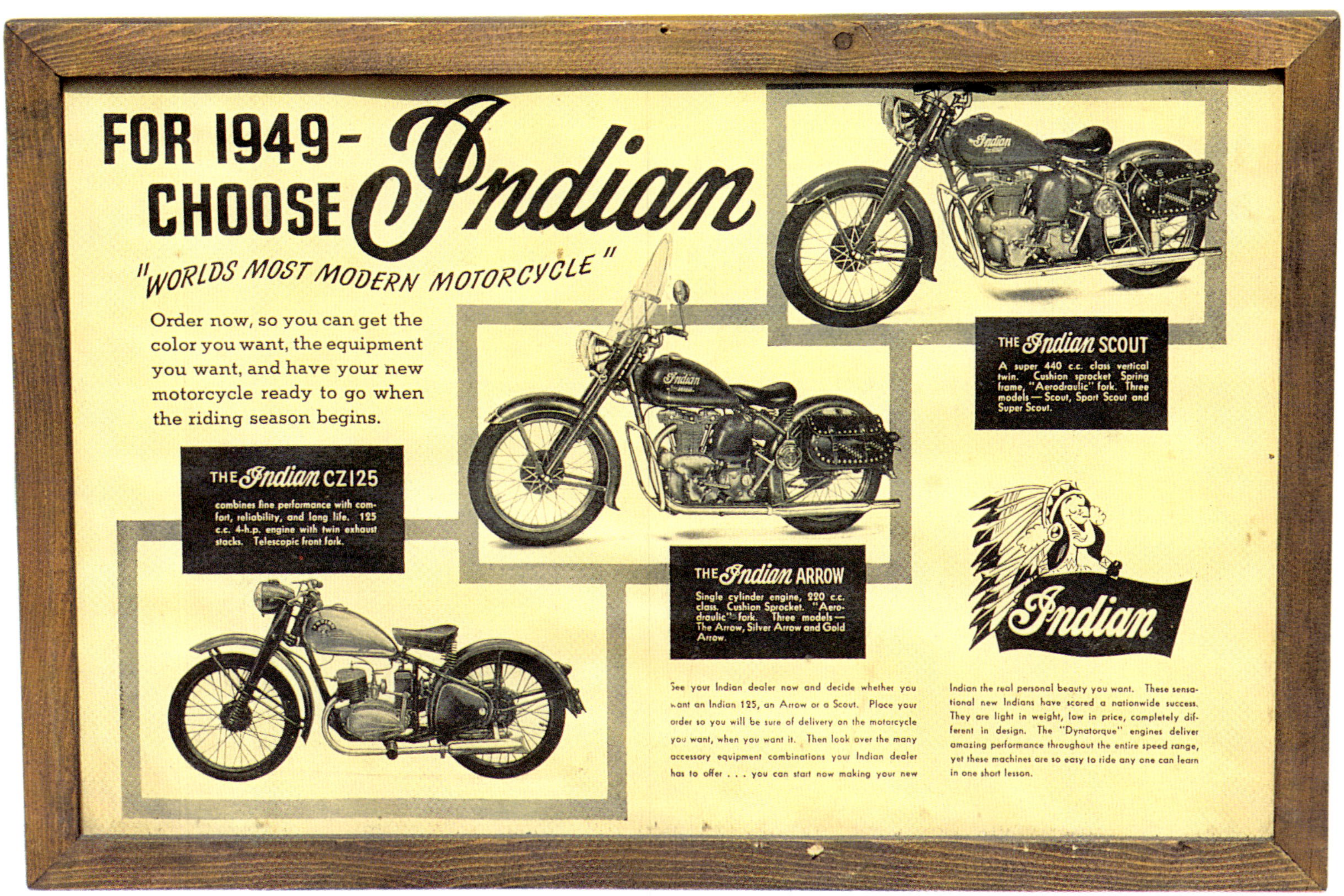

Indian

Indian

Indian

setzungen. Rogers ging davon aus, daß ein Modellangebot an Torque-Leichtmotorrädern parallel zur angestammten Indian-Palette das Unternehmen zu neuen wirtschaftlichen Höhen führen würde. Die leichten Torque-Motorräder gliederten sich in drei Modellvarianten, eine Einzylinder mit 11 Kubikzoll (180 ccm), eine Zweizylinder mit 22 Kubikzoll (360 ccm) und eine Vierzylinder mit 44 Kubikzoll (720 ccm), aufgebaut nach dem Baukastenprinzip mit untereinander austauschbaren Komponenten.

Die Pläne schritten voran, doch die Inflation und der Marshall-Plan, der als Ziel den wirtschaftlichen Wiederaufbau Europas verfolgte, machten die Nachkriegsjahre auch für viele andere amerikanische Unternehmen zu einem regelrechten Lotteriespiel. Die Produktionserweiterung für die Torque-Leichtmotorräder stellte Indian vor schwerwiegende Probleme und erforderte im Springfielder Werk eine vollständige Neustrukturierung. Während das neue Projekt ausgearbeitet und kalkuliert wurde, begann man 1946 erneut mit der Auslieferung der Indian Chief, nun ausgerüstet mit einer Trapezgabel im Stile derjenigen des Prototyps 841. Einige Konzessionäre vertrauten auf dieses Modell, doch andere verlangten die Wiedereinführung der Sport Scout, die durch ihre Rennerfolge den guten Ruf der Marke mitbegründet hatte. Der zweite Weltkrieg repräsentierte auch für die USA einen Wendepunkt, von dem es kein Zurück mehr gab. Die Invasion der britischen Motorradmarken war nicht mehr aufzuhalten, obgleich Indian in den ersten Nachkriegsjahren noch einige Siege verbuchen konnte. So auch auf dem Five-Star-Rennen während der Wisconsin State Fair. Indian-Fahrer, wie der legendäre Bobby Baer, gewannen hier die Amateur- und Profiklasse über 5 Meilen sowie die Profiklasse über 15 Meilen. Die Daytona 200 des Jahres 1948 waren und blieben jedoch der letzte wirklich große Erfolg für die Marke Indian nach dem Kriege.

Die unter dem Namen Torque vermarkteten Leichtmo-

Links: *Das Bild zeigt eine 1947er Chief in der authentischen auf Wunsch lieferbaren Rainbow-Lackierung in den beliebten Farben Rot und Gelb.*
Unten: *Cremebeige zählte damals zu den Standardlackfarben. Dieses ehemalige Polizeimotorrad befindet sich im Besitz von Earl Supernant aus Chicopee, Massachusetts.*

Links: *Entpuppten sich die neuen Parallel-Twins als Motorräder sehr europäischen Einschlags, so profitierten sie doch erheblich vom Image der Springfielder Marke.*
Unten: *Die TT Warrior von Chris Lord aus New York stammt aus dem Jahr 1950.*
Rechts: *Joey Bollenbach aus East Dundee, Illinois, ist der Eigner dieser Warrior aus dem Jahr 1951. Beide Maschinen verfügen über den gleichen Triebwerkssatz, den 30.50 cu.in.-Twin (500 ccm).*

torräder blieben leider erfolglos, da die Kostenschätzungen weit unter den tatsächlichen Kosten angesetzt worden waren und die Preise kurz nach dem Verkaufsstart deutlich angehoben werden mußten. Wieder einmal hatte sich Indian in eine prekäre finanzielle Situation manövriert. Kapitalverschiebungen und Fusionen beteiligter Großaktionäre im Hintergrund sowie die mangelnde Zuverlässigkeit der Torque-Maschinen machten die Zukunftsperspektiven nicht gerade aussichtsreich. Unter diesem Druck veranstalteten zahlreiche Händler, unter ihnen Guy Urquhart, Hap Jones, Hap Alzina und Ed Kretz, eine Zusammenkunft, deren Ergebnis der Besuch Kretz' im Springfielder Werk war. Dort sollte er die Torque-Modelle einer eingehenden Prüfung unterziehen und die Firmenleitung auf vorhandene Schwächen aufmerksam machen. Unterdessen verschlechterte sich zusehends die finanzielle Situation. Eine der involvierten Banken kündigte dem Unternehmen sogar die Kredite auf, während die Techniker verzweifelt darum bemüht waren, den technischen Stand der Torque-Motorräder entscheidend zu verbessern. Rogers reiste daraufhin nach England, wo er mit John Brockhouse, dem leitenden Direktor der Brockhouse Engineering Ltd in Southport, in Verhandlungen trat. Das Ende der Marke Indian war nicht vollständig besiegelt, doch die stolze Firmengeschichte hatte einen unrühmlichen Ausgang gefunden. Das Unternehmen blieb weiterhin am Markt präsent, doch eigentlicher Gegenstand der Verkaufsbemühungen waren nun nicht mehr die hauseigenen, sondern importierte britische Motorräder.

Eine versuchsweise mit einem Vincent-HRD-Triebwerk bestückte Indian Chief sollte der Chief-Reihe einen modernen Anstrich geben, während die Warrior als Ersatz für die fehlgeschlagenen Torque-Modelle ins Rennen um die Käufergunst geschickt wurde. Hierbei handelt es sich um einen Parallel-Twin mit 30.50 cu.in. (500 ccm), dessen Erscheinungsbild sehr an europäische Maschinen angelehnt war.

Den endgültigen Todesstoß versetzte Indian jedoch ein Ereignis, das vordergründig nichts mit dem Bereich Motorrad zu tun hatte. Die britische Regierung wertete die Landeswährung um nahezu 20 Prozent ab, so daß britische Motorräder für Indian praktisch über Nacht zur preislich unschlagbaren Konkurrenz aufstiegen. Innerhalb der Firmenleitung kam es zu immer stärkeren Meinungsverschiedenheiten, deren Ausgang aber unabhängig von ihrem Für und Wider schließlich die vollständige Übernahme durch die Banken war, die das Unternehmen in zwei Firmen aufteilten. Die Indian Sales Corporation beschäftigte sich fortan mit dem Import von britischen Motorradmarken in die USA, während die Titeflex Corporation, eine Division der Atlas Corporation, die Produktion der Indian Chief fortführte. 1953 aber stellte man nicht nur die Indian Chief ein, sondern mangels ausreichender Profite auch die gesamte übrige Motorradproduktion. Welch unrühmliches Ende für eine Marke, deren Reputation für fortschrittliche Ideen und ausgezeichnete Ingenieurskunst entscheidend die Geschichte des Motorrads prägten.

TT
Indian Warrior
TT

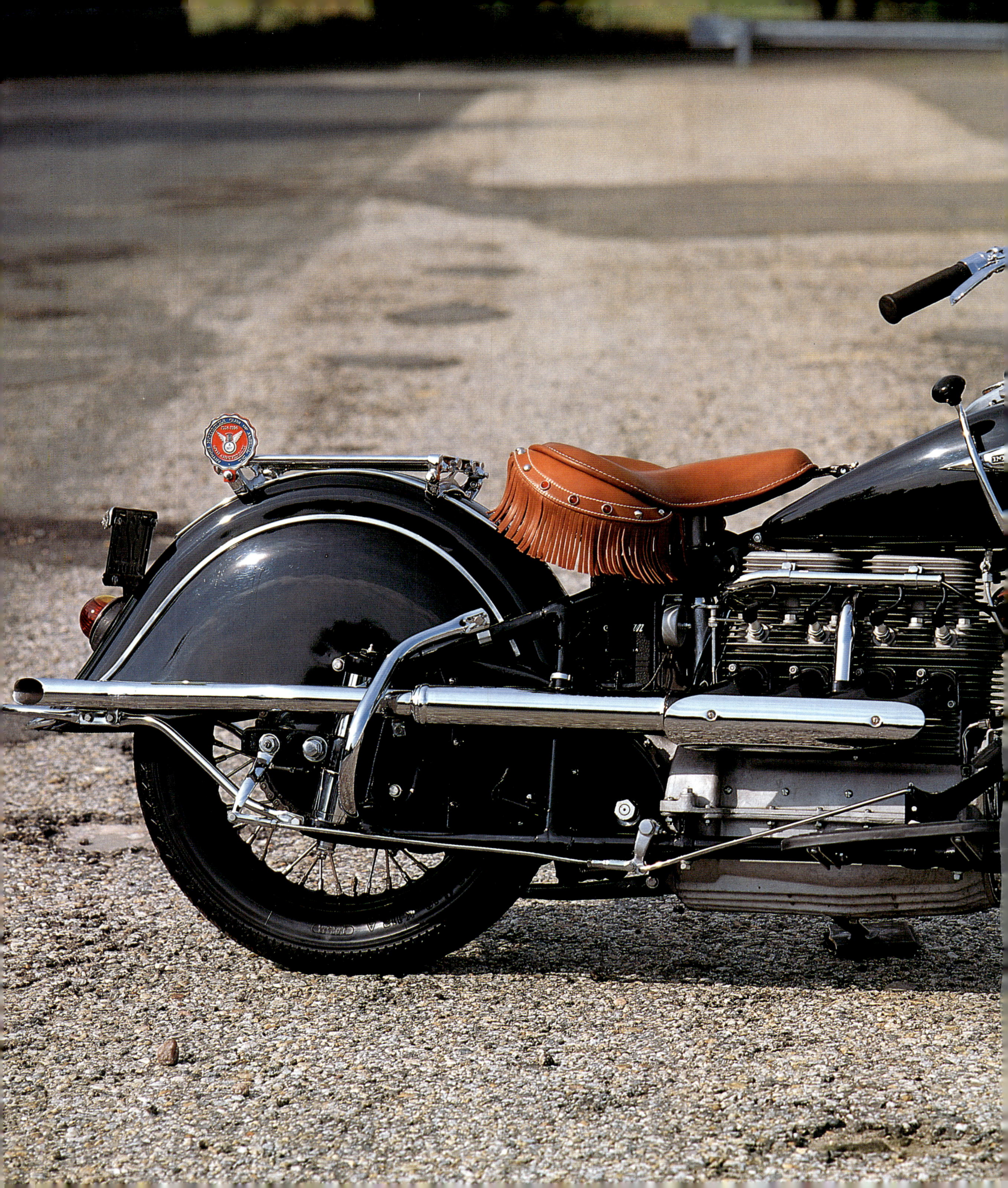

1941 Indian Four

Die Indian Four erreichte den Zenit ihrer konstruktiven Ausgereiftheit und gestalterischen Opulenz im letzten Jahr vor dem Eintritt der Vereinigten Staaten in den zweiten Weltkrieg. Der japanische Angriff auf Pearl Harbour stürzte die USA nicht nur in die Wirren eines weitab stattfindenden Kriegsgeschehens, sondern setzte der zivilen Motorradproduktion auch ein jähes Ende. Nach Kriegsende führte Indian die Four nicht wieder am Markt ein, da übermäßig hohe Produktionskosten und eine vergleichsweise unbedeutende Nachfrage diesem Modell keinerlei Chancen eingeräumt hätten.

Spezifikation

Modell
Indian Four
Baujahr
1941
Bohrung x Hub
70,1 x 82,6 mm
Hubraum
77.21 cu.in. (1265,5 ccm)
Leistung
40 PS
Ventiltrieb
obengesteuert (Einlaß oben, Auslaß seitlich)
Höchstgeschwindigkeit
129 km/h
Benzinverbrauch
5,6 l/100 km
Getriebe
Dreiganggetriebe
Schaltung
per Hand
Radstand
1575 mm
Raddurchmesser
18 Zoll
Rahmentyp
Starrahmen (Geradwegfederung)
Vorderradgabel
Blattfederschwinge
Gewicht
258 kg

Indian

Reise ins Ungewisse

Die Produktionseinstellung der Indian Chief bedeutete zwar das Ende der Springfield-Ära, doch der Vorhang für die Marke „Indian" sowie die Marke im allgemeinen war noch längst nicht gefallen. Sie überlebte dank der Bemühungen einer Organisation namens Indian Sales Corporation und sie überdauert noch heute dank des unermüdlichen Enthusiasmus unzähliger Markenfreunde auf der ganzen Welt.

Die Indian Sales Corporation spezialisierte sich auf den Import und Vertrieb von britischen Motorradmarken. Zur Angebotspalette zählten AJS, Douglas, Excelsior, Matchless, Norton, Royal Enfield und Vincent. Zum Verkauf kamen aber auch Motorräder fremder Marken, die schlichtweg unter dem Namen „Indian" vermarktet wurden. Die Indian Brave der Jahre 1951–53 war in Wahrheit ein seitengesteuertes Einzylindermodell aus dem Hause Brockhouse, jenem Unternehmen, das in der Endphase der Springfield-Ära die Firmenleitung übernommen hatte. Die Brave verfügte über einen Hubraum von 15 Kubikzoll (248 ccm), brachte es auf eine Spitzengeschwindigkeit von 68 mph (109 km/h) und verwöhnte, laut eines Fahrberichts in *Cycle* des Jahres 1952, mit einem Kraftstoffverbrauch von knappen 3,5 Litern. Das Getriebe stammte von Albion, die elektrische Anlage von Lucas, der Tachometer von Smiths, der Sattel von Lycette und der Vergaser von Amal, allesamt Teile aus britischer Produktion. Die Brave verkaufte sich nicht sonderlich gut, worauf man für das Jahr 1954 faltbare Motorräder von Corgi, montiert von Brockhouse, und Motorräder von Royal Enfield auf dem Markt einführte. Letztere ließ man für 1955 allerdings unter der Marke „Indian" firmieren, und gab ihnen thematisch so passende Namen wie Fire Arrow, Tomahawk, Trailblazer und Woodsman. In Wahrheit handelte es sich dabei aber um die Royal Enfield Clipper, Meteor Minor, Meteor 700 und die geländetaugliche Version der Bullet. 1959 unternahm Indian einen weiteren Versuch, an die Tradition vergangener Jahre anzu-

Links: *Der V-Twin dieser Dirt-Tracker wurde von Lee „Pops" Standley für den Indian-Spezialisten The Shop in Ventura, Kalifornien, aufgebaut.*

Unten: *Diese Indian Chief aus dem Jahre 1947 restaurierte Neil Grieve aus dem schottischen Edinburgh.*

zwangen, unterstützt durch die beginnende Weltwirtschaftkrise, Richards in den Konkurs.

Indians unaufhaltsamer Weg in die Krise schien immer evidenter zu werden, und so entschlossen sich Hap Alzina, ein an der Westküste sehr bekannter Konzessionär, und Floyd Clymer, von der britischen Brockhouse Ltd die noch vorhandenen Vermögenswerte des Springfielder Unternehmens zu erwerben. Die Engländer schenkten seinen Anfragen keinerlei Beachtung, so daß Clymer in einem öffentli-

knüpfen, und lancierte erneut eine Chief. Allerdings war dieses Modell nichts anderes als eine Trailblazer bzw. Enfield Meteor 700, umgebaut auf 16-Zoll-Räder mit 5.00 x 16-Bereifung und in einigen Punkten stilistisch überarbeitet.

Das britische Unternehmen AMC (Associated Motorcycles), Hersteller von Matchless und AJS, erwarb 1960 die Rechte am Namen „Indian" und ließ alle Verkaufsstützpunkte fortan unter „AMC/Indian" firmieren. Die Motorräder selbst führte man nicht unter dem Namen „Indian", sondern man nutzte das angestammte Händlernetz lediglich für den Vertrieb. 1963 übernahm die Berliner Motor Corporation den Vertrieb der AMC-Motorräder und ließ „Indian" als Namen entfallen. 1967 förderte Floyd Clymer, ein Mann, der lange Jahre seines Lebens eng mit der Springfielder Marke verbunden gewesen war, den Namen „Indian" wieder zu Tage, als er beabsichtigte, ein neues Motorradmodell auf den Markt zu bringen. Clymer wurde 1895 geboren und begann seine Rennfahrerkarriere im Alter von 21 Jahren auf einer Harley-Davidson. In Denver, Colorado, eröffnete er einen Verkaufsstützpunkt für die Milwaukeer Motorradschmiede, den er bis 1918 innehatte. In den frühen zwanziger Jahren gelang es ihm, auf einer abgespeckten Indian Scout die Spitze des Bergs „Pike's Peak" in Colorado zu erklimmen, und strafte somit seine Kritiker Lügen, die ihm keine Verbesserung der bisherigen Steigversuche prophezeit hatten. Die ungeheure Werbeträchtigkeit dieses Rekords blieb nicht ohne Folgen, half sie ihm doch dabei, ebenfalls in Denver die Vertretung von Indian-Motorrädern zu übernehmen. 1925 erweiterte Clymer seinen Geschäftsbetrieb um die Produktion eines Weitstrahlers für Automobile, woraufhin der Motorradverkauf allmählich in

Oben: *Die Indian Brave der frühen fünfziger Jahre, ausgestattet mit einem 15.25 cu.in.-Einzylinder (250 ccm), wurde in England von der Brockhouse Ltd gefertigt.*
Rechts: *Diese Chief in Seitenwagentrimm des Jahres 1944 barg der in Kalifornien ansässige Indian-Spezialist Mike Thomas aus den Tiefen des Andenstaats Peru und restaurierte sie in einen fahrtüchtigen Zustand.*

den Hintergrund gedrängt wurde. Die Indian-Vertretung trat er schließlich an Dick Richards ab.

Richards war ebenfalls mit der Marke „Indian" verbunden und besaß Meisterschaftstitel in der Leichtmotorradklasse, errungen auf einer Prince, die sich in seinem persönlichen Besitz befand und die er oft bei lokalen Rennveranstaltungen einsetzte. Der Konkurrenzkampf unter den einzelnen Motorradhändlern war hart, wobei mittlerweile ein gewisser Walter Whiting die Konzession für Harley-Davidson in Denver innehielt. Richards und Whiting führten ihre Geschäfte in einträchtiger Konkurrenz, deren gutwillige Stimmung sich überaus positiv auf beider Verkaufszahlen auswirkte. Floyd Clymer versuchte daraufhin die Vertretung für die Milwaukeer Marke wiederzuerlangen, und es wird vermutet, daß er im Hintergrund zu diesem Zweck entscheidende Fäden zog. 1929 übernahm er die Konzession für Harley-Davidson für Denver erneut, wobei er sie offiziell jedoch auf einen seiner Angestellten, H.D. Cooper, ausstellen ließ. Whiting und sein Verkaufsleiter wechselten in diesem Zuge die Fronten zu Richards' Indian-Vertretung, doch der große Konkurrenzdruck seitens Clymers und Coopers sowie die sich zunehmend verschlechternden Beziehungen der Händler zum Springfielder Unternehmen

chen Brief an die Zeitschrift *Cycle* Brockhouse beschuldigte, Indian vorsätzlich in den Ruin treiben zu wollen. Mitte der sechziger Jahre hegte Clymer noch immer seinen großen Traum von einer Neuauflage der guten alten Indians, und so initiierte er eine Zusammenarbeit mit Friedel Münch, dem legendären deutschen Konstrukteur der Mammut, jenem gewaltigen Motorrad, dessen Herz ein NSU-Reihenvierzylinder aus dem Automobilbau war. Münch sollte einen Ableger der Mammut konstruieren, aufgebaut mit einem V-Twin der Indian Sport Scout. Vorgestellt wurde der Prototyp auf der Motorcycle Show im kalifornischen Anaheim, ging jedoch nie in Serie. Es wird vermutet, daß der Verkaufspreis übermäßig hoch ausgefallen wäre und daher etwaige Absatzmöglichkeiten im Keime erstickt hätte. Leider vermochte der neue Entwurf auch nicht durch seine etwas seltsam anmutende Mischung aus zeitgenössischem europäischen Café-Racer und nostalgischem Indian-V-Twin zu überzeugen. Nächster Schritt in Clymers Wiederbelebungsphase des Namens „Indian" waren Kleinstmotorräder, die das Logo auf ihren Kraftstofftanks trugen. Hierbei handelte es sich um eine Jawa CZ und eine Minarelli, beide jeweils mit zweitaktenden 3.05 cu.in.-Einzylindermotoren (50 ccm) bestückt. Diese Modelle verkauften sich recht gut, ganz im Gegensatz zu jenen Modellen, denen Clymer mit Triebwerken von Velocette, Norton und Horex einen neuen Kundenkreis erschließen wollte. Floyd Clymer starb im Jahre 1970.

Oben: *Kiwi Indian Parts in Riverside, Kalifornien.*
Rechts: *The Shop, geleitet von David Hansen, in Ventura, Kalifornien. Die Bilder vermitteln einen wagen Eindruck, wieviele Indian-Motorräder noch unrestauriert ihrer Zukunft harren.*
Links: *Wer Memorabilia schätzt, der wird auch unter dem Signet „Indian" ausgiebig fündig werden.*

In Jahr von Clymers Tod entrückte man den Namen „Indian" sogar noch weiter von seinen Wurzeln. Ein kalifornischer Rechtsanwalt kaufte den Namen, um ihn als Markenbezeichnung von taiwanesischen Kleinstmotorrädern zu verwenden. Seinen Sitz hatte der Konzern in Gardena, Kalifornien, die eigentliche Produktionsstätte eröffnete er allerdings in Taiwan. An die 20.000 Einheiten sollen von diesen Minibikes in 1973 hergestellt worden sein, doch schon 1976 mußte das Unternehmen Konkurs anmelden. Zu diesem Zeitpunkt wechselte das Unternehmen seinen Standort nach Culver City, ebenfalls in Kalifornien, wo man in Folge die MI 175 fertigte. Angetrieben wurde dieses Modell von einem Zweitakt-Einzylinderaggregat mit einem Hubraum von 10.43 cu.in. (171 ccm), erhalten durch ein Bohrung/Hub-Verhältnis von 66 zu 50 mm. Die Verdich-

Indian
MOTORCYCLES
Indian

tung betrug 9:1, beatmet wurde der Motor über einen Mikuni-Vergaser. 17 PS bei 7000 Upm standen als Motorleistung an, übertragen mittels eines Fünfganggetriebes, beides gut für 70 mph oder knapp über 110 km/h. Gestartet wurde per Kickstarter. Konstruktiv unterschied sich die MI 175 mit ihren Merkmalen wie Teleskopgabel, Hinterradschwinge, Trommelbremsen und 6 Volt-Elektrik kaum von den übrigen leichtgewichtigen Motorrädern ihrer Zeit. Einige MI 175 gelangten sogar in den Export, so beispielsweise nach England zu K.I. Andrews Ltd in London. Später folgte ein leichtes Viertaktmodell, das unter der Bezeichnung „Indian Four" um das Käuferinteresse werben sollte. In der Tat lagen mehr als Welten zwischen diesem modernen Interpretationsversuch und jener eleganten, opulenten Vierzylindermaschine der ausgehenden dreißiger Jahre. Einen weiteren Versuch der Wiederbelebung unternahm Charles Manthos, seines Zeichens Industrieller aus Springfield und langjähriger Indian-Enthusiast. Seine Planung sah eine modernisierte Ausgabe von Motor und Getriebe vor, die in späte Chief- und Blackhawk-Modelle implantiert werden sollten. Hohe Werkzeugkosten sollten dabei aber nur eines der Hindernisse sein, die sich ihm in den Weg stellten.

Harry V. Sucher kommentierte 1977 in *The Iron Redskin* mit einer gewissen Wehmut die unsicheren legalen Besitzverhältnisse des Markennamens „Indian". 1989 griff Jerry Hatfield in einem Kommentar in *The Illustrated Indian Motorcycle Buyers Guide* diese Anmerkung wieder auf und führte weiter aus, daß es durchaus keinem Wunder gleichkäme, irgendwann einmal den Namen „Indian" irgendwo an irgendeinem zweirädrigen, weitab von Indians Tradition wildernden Gefährt wiederzufinden. Wie prophetisch diese Meinungen doch waren, zeigte sich bereits Anfang der neunziger Jahre, als mindestens zwei Firmen den Versuch unternahmen, jeweils ein schwergewichtiges Reisemotorrad auf die Räder zu stellen, zweifellos angestachelt durch Harley-Davidsons phänomenalen Erfolg der späten achtziger und frühen neunziger Jahre. Das eine Unternehmen leitete Philip S. Zanghi und firmierte unter „Indian Motorcycle Inc.". Die Finanzierung der als „Indian Chief" in limitierter Auflage geplanten Maschinen sicherte man durch den Verkauf von Bekleidung unter dem Markennamen „Indian" ab. Den Sitz des Unternehmens verlegte man nach Springfield, Massachusetts, um eine möglichst nahe Verbindung zur Tradition zu schaffen. Unterdessen plante in Albuquerque, New Mexico, eine andere Firma, die Indian Motorcycle Manufacturing Inc., ebenfalls die Wiederauflage einer Indian Chief. Die Existenz zweier Unternehmen mit derselben Idee führte unabdingbar zu einem ernsthaften Rechtsstreit um die Urheberschaft der verschiedenen Markenbezeichnungen sowie natürlich dem Namen „Indian" selbst. Zanghi plante die Realisierung eines Motorrads, gekleidet in die typischen ausladenden Kotflügel und befeuert von einem 92 cu.in.-V-Twin (1511 ccm) mit einem Zylinderwinkel von 60 Grad und Dreiventilzylinderköpfen. Die Motorkühlung sollte über ein Flüssigkeitssystem erfolgen. Der Rahmen sollte zudem eine Hinterradschwinge beinhalten, sozusagen als Anleihe an den Fortschritt.

Wayne Baughmans Konzept, bekannt als IMMI Cen-

tury Chief, gelangte sogar in das Prototypenstadium. Wie ihre potentielle Konkurrentin setzte auch diese Maschine auf die bauchigen Kotflügel, wenn auch in leicht überarbeiteter Form. Als Treibsatz für die Century Chief diente ein V-Twin, entwickelt und gefertigt von Cyril Batten von der Batten Corporation. Der flüssigkeitsgekühlte V-Twin verwöhnte Hubraumfans mit 100.6 Kubikzoll (1680 ccm), erhalten durch ein quadratisches Bohrung/Hub-Verhältnis von 101,6 zu 101,6 mm. Drei Ventile pro Zylinder, zwei Ölpumpen (eine für die Kühlung, eine für die Schmierung) und eine druckölgeschmierte Kurbelwelle zählten zu den

Links: *Alte Motorräder erfordern oftmals aufwendige Restaurierungsarbeiten. Originell hingegen ist dieses von Tony Leenes aus gebrauchten Teilen aufgebaute Exemplar.*
Rechts: *Der Ventiltrieb an frühen Indian Four war vom Fahrer regelmäßig per Hand nachzuschmieren.*
Oben: *Spätere Modelle der Four hingegen verfügten zu diesem Zweck über ein selbsttätiges Schmiersystem.*

besonderen Merkmalen dieses Triebwerksgiganten. Moderne Beigaben in Form einer Benzineinspritzung und eines Fünfganggetriebes rundeten das Gesamtbild ab. Vor nicht allzu langer Zeit ging ein weiterer Indian-Enthusiast mit Plänen für die Wiederbelebung der Marke an die Öffentlichkeit. Der Australier Mauritz Heyim-Langridge, langjähriger Motorradimporteur für Australien, hegte die Absicht, eine Indian zu lancieren, deren Herzstück ein Triebwerk aus der Hand von John Britten sein sollte, bekannt für seine Erfolge im Motorradrennsport mit eigenkonstruierten Maschinen. Doch Britten verstarb, bevor das Projekt überhaupt in Angriff genommen werden konnte. All diese Pläne haben neben ihrem Mißerfolg nur eins gemeinsam, die Annäherung an einen Namen, der den Originalen, die ihn trugen, in der Geschichte des Motorrads einen legendären Platz einräumte. Ebensogut hätte auch irgendein anderer Name die Tanks der vermeintlich neuen Indian-Generation zieren können.

Ein anderes Phänomen, das nach 1953 den Namen „Indian" weiterleben ließ, war der Enthusiasmus, der dieser amerikanischen Marke in stetig zunehmendem Maße entgegengebracht wurde. Jahrelange Freunde der Marke gaben ihr Steckenpferd nach seinem unrühmlichen Ende nicht einfach auf, sie führten die Legende auf ihre Weise weiter. Hinzu kam, daß alte Motorräder mit dem wachsenden Interesse an „Klassikern" im allgemeinen und an Motorrädern amerikanischer Herkunft im besonderen immer populärer wurden. Be-

trachtet man Harley-Davidsons grandiose Erfolgsgeschichte der letzten beiden Jahrzehnte, so war zu erwarten, daß sich Indian im Laufe der Jahre ebenfalls einen festen Platz unter den begehrenswertesten Motorrädern der Geschichte erobern würde. Als überaus günstig für diese Entwicklung zeigten sich zum einen die Modellvielfalt, die trotz Indians verhältnismäßig kurzer Schaffensphase entstand, als auch der exzellente Ruf, den die Marke für bestimmte Modelle, insbesondere für einige Varianten der Chief und der Scout, genoß.

Links: *Das Interesse an alten Indian kennt keine Grenzen. Die Teilnehmer der European Indian Rally genießen die Tour durch die schottischen Highlands in ruhigen Zügen.*
Oben: *Dieses Rennteam aus Daytona Beach, Florida, sucht sein Heil, gemeinsam mit Doc Battsleer (kniend), wohl eher im Adrenalinrausch.*

Zahlreiche Indian-Konzessionäre organisierten schon in frühen Jahren für ihre Kunden Picknicks, Veranstaltungen oder Ausfahrten, und obwohl derlei Zusammenkünfte mit der Zeit an Bedeutung verloren, traten doch andere an ihre Stelle. Seit einigen Jahren schon werden von begeisterten Indian-Liebhabern Markentreffen veranstaltet. In Massachusetts beispielsweise riefen John Marcoulier und Russell Longey die Pioneer Valley Indian Rally ins Leben. Die erste Auflage dieser Rally fand 1991 statt. Die beiden Organisatoren legen ihr Treffen immer auf das dritte Wochenende im Juli, genau jenes Wochenende, an dem jährlich auch die Indian Day Rally stattfindet. Abgehalten wird sie in Springfield auf dem Gelände des Indian Museum direkt neben den alten Werkshallen. Eine Ausfahrt vom Pioneer Valley zum Indian Day in Springfield ist dort eine der Hauptattraktionen.

Vor nicht allzu langer Zeit initiierten die Herausgeber der Zeitschrift *Indian Motorcycle Illustrated* Markentreffen an zwei der wichtigsten Motorradveranstaltungen in den USA, Daytona und Sturgis, heute vornehmlich besucht von Harley-Davidson-Fahrern. Sturgis ist insofern für Indian-Fahrer interessant, da ihr Initiator, JC „Pappy" Hoel, ehemaliger Konzessionär der Marke gewesen ist. In anderen Teilen der Welt, in die Indians exportiert wurden, kennt die Begeisterung für die Springfielder Maschinen ebenfalls keine Grenzen. In Europa findet jährlich eine Indian Rally statt, wobei in jedem Jahr ein anderes Land als Gastgeber fungiert. Österreich, Belgien, Schottland waren schon an der Reihe. Sogar Australien zählt zu den Austragungsorten regelmäßiger Markenzusammenkünfte. Der Rennsport kommt über die Begeisterung zur Marke jedoch nicht zu kurz. Historische Motorradrennen finden unter der Schirmherrschaft verschiedenster Organisationen statt. So auch unter Obhut der AHRMA (American Historic Racing Motorcycle Association), wo Indian und Harley-Davidson wieder die Kopf-an-Kopf-Rennen früherer Tage ausfechten. Entsprechend dem alten Reglement fahren erneut seitengesteuerte 45-Kubikzöller (740 ccm) gegen obengesteuerte 30.50-Kubikzöller (500 ccm), mit dem einzigen Unterschied allerdings, daß heute nicht nur Erzrivale Harley-Davidson auf den Pisten zu finden ist, sondern auch Vertreter der Marken BMW, Norton oder Triumph. Eines dieser Rennsportereignisse findet während der Daytona Bikeweek auf dem berühmten Speedway statt, wo Maschinen vor Baujahr 1940 eine Renndistanz von fünf Runden zu absolvieren haben.

Max Bubeck zählt ebenfalls zu jenen Menschen, die viele Jahre ihres Lebens im Zeichen des Indianerkopfs verbrachten und noch verbringen. Seine Rennsportkarriere begann er im Jahre 1933, jenem Jahr, in dem er einen Geschwindigkeitsrekord auf einer Indian Chout, einem Hybriden aus Chief und Scout, über 135,8 mph (218,5 km/h) aufstellte. Zwischen 1937 und 1979 nahm er an 32 Greenhorn Enduros teil, wobei er diese Rennserie 1947 auf einer in demselben Jahr neu erworbenen Indian Four und 1962 auf einer Indian V-Twin gewann. Im Alter von 76 Jahren

Burning Blue
EAGLE
HEVEA MOTOR

Links: *Modifizierte Indians aus verschiedenen Epochen: Tony Leenes schuf diese moderne Interpretation einer Bobber (oben); Jerry Turner restaurierte diese Dirt-Tracker aus dem Jahre 1950 nach eigenem Gusto.*
Unten: *Die einzige Gemeinsamkeit, die diese Century Chief mit ihren Vorfahren besitzt, dürfte einzig und allein der Name „Indian" sein. Die Century Chief ist einer der verschiedenen Versuche, die Marke zu neuem Leben zu erwecken.*

wagte er sich auf einer Indian V-Twin des Jahres 1915 an die Neuauflage von Cannonball Bakers transkontinentaler Fahrt durch die USA. Die Strecke von San Diego, Kalifornien, nach New York City, New York, absolvierte Cannonball Baker in 11 Tagen, 12 Stunden und 10 Minuten. Insgesamt legte er dabei 3379 Meilen (5437 km) zurück, wobei man allerdings berücksichtigen muß, daß damals noch keine überregionalen Überlandstraßen existierten. Bubeck, ein begeisterter Anhänger der Springfielder Marke, lehnte sich für seine Fahrt des Jahres 1993 weitgehend an Bakers damalige Streckenführung an. In 14 Tagen, 1 Stunde und 45 Minuten absolvierte er insgesamt 2838 Meilen.

Die Handelsware Indian erfuhr im Laufe der Jahre eine starke Wandlung. Die einstigen Verkaufsstützpunkte, wo flammneue Maschinen um die Gunst der Käufer warben, sind hochgradig spezialisierten Betrieben gewichen, die Motorräder aller Marken, oder aber auch nur einer einzigen Marke, restaurieren. Die Tatsache, daß immer mehr Indians ihren Weg in restaurierende Hände finden, schafft in zunehmendem Maße eine Nachfrage nach reproduzierten Teilen. Verschiedenste Teile werden mittlerweile nach Originalspezifikationen hergestellt. Der Bestand an neuen Altteilen hingegen nimmt Jahr um Jahr stetig ab, so daß auch im Bereich der Verschleißteile die Versorgung durch Nachfertigungen kontinuierlich ausgebaut wird. Großer Vorteil dieser Entwicklungen ist die Vielfalt an verschiedensten Teilen, die es möglich machen, aus wenig mehr als Rahmen, Gabel und Motorgehäuse eine vorzüglich restaurierte Indian entstehen zu lassen. Teilemärkte stehen in der Indian-Szene daher hoch im Kurs. Die schrottreifen Teile in der Garage des einen sind für den anderen vielleicht das Himmelreich auf Erden. Die Modellvielfalt der Indian-Jahre mag die Erkundungsreisen in die Welt der Ersatzteile für manche zur ewigen Suche werden lassen, für viele jedoch krönt sie die Markentreffen auf der ganzen Welt. Dort stehen einträchtig Powerplus, Scout, Chief und Parallel-Twin nebeneinander, ganz so als ob sie sagen wollten: „Iron Redskins proudly ride into the future".

Indian

1948 Indian Chief Chopper

Diese gechoppte Indian Chief erwarb Tom Ryan aus Connecticut als unvollendetes Custom-Projekt im Jahre 1971. Zur damaligen Zeit galt ein langgabeliger Chopper als das Maß aller Dinge, zumindest in den USA. Trotz seines nicht serienmäßigen Erscheinungsbilds, unterstützt durch die zweifarbige Lackierung und die üppige Verchromung, glänzt dieses Exemplar durch vorwiegend originale Teile. Restauriert wurde die Maschine im Jahre 1993.

Spezifikation

Modell
Indian Chief Chopper
Baujahr
1948
Bohrung x Hub
82,6 x 112,7 mm
Hubraum
73.62 cu.in (1206,6 ccm)
Leistung
40 PS
Ventiltrieb
seitengesteuert
Höchstgeschwindigkeit
137 km/h
Benzinverbrauch
7,0 l/100 km
Getriebe
Dreiganggetriebe
Schaltung
per Hand
Radstand
1626 mm (geschätzt)
Raddurchmesser
vorn: 19 Zoll
hinten: 16 Zoll
Rahmentyp
Starrahmen (Geradwegfederung)
Vorderradgabel
Trapezgabel (verlängert)
Gewicht
k.A.

SHOEI